Dörte Rahming

Wir
vom Jahrgang
1968

Kindheit und Jugend

Impressum

Bildnachweis:

Umschlag: Dörte Rahming (vorne oben und hinten); Silke Rönick (vorne unten).
Innenteil: Dörte Rahming: S. 5, 6 u., 7 r., 8, 9, 11, 13, 14, 15 o., 16, 17, 19, 20. 21, 22, 23, 24 o./u., 25, 27, 28, 29 o., 30 o.l./u., 31, 34 l./r., 38, 40, 42, 43, 44, 48, 50, 53 o./u., 55 u., 56, 58, 60, 61;
Sabine Meinert: S. 6 o., 33; Silke Rönick: S. 7 l., 46, 51, 52 o./u., 54 o./u., 57, 59 l., 63;
Freia Schlünz: S. 10; Gunnar Brosch: S. 26; Urheber unbekannt: S. 29 u., 30 o.r., 45, 59 r.;
Buchcover „Der brave Schüler Ottokar", Eulenspiegel Verlagsgruppe, Berlin: S. 35; DDR-Museum, Berlin, Foto Dörte Rahming: S. 55 o.;
ullstein bild – Peter Timm: S. 15 u.l.; ullstein bild – Teutopress: S. 15 u.r.; ullstein – dpa: S. 32;
ullstein bild – ADN-Bildarchiv: S. 39; ullstein bild – PAI-Foto.pl: S. 47.

 www.ddr-museum.de

Wir danken allen Lizenzträgern für die freundliche Abdruckgenehmigung. In Fällen, in denen es nicht gelang, Rechtsinhaber an Abbildungen zu ermitteln, bleiben Honoraransprüche gewahrt.

Ich möchte mich bei allen bedanken, die meine Erinnerungen mit ihren Erlebnissen bereichert haben, vor allem bei Heidi und Wolfgang Rahming, Silke Rönick, Torsten Lehmann, Marlis Guth, Michael Seidel, Sabine Meinert, Ute Wittstock, Barbara und Michael Klamp, Heidrun Fiedler und Gerda Damaschke. Außerdem Dank für Geduld und Anregungen an meine privaten Lektoren Axel Meyer, Katja Bülow, Peter Dierken und Ole Welzel.

8. Auflage 2023
Alle Rechte vorbehalten, auch die des auszugsweisen
Nachdrucks und der fotomechanischen Wiedergabe.
Gestaltung und Satz: r2 | Ravenstein, Verden
Druck: Druck- und Verlagshaus Thiele & Schwarz GmbH, Kassel
Buchbinderische Verarbeitung: Buchbinderei S. R. Büge, Celle
© Wartberg-Verlag GmbH
34281 Gudensberg-Gleichen • Im Wiesental 1
Telefon: 056 03/9 30 50 • www.wartberg-verlag.de
ISBN: 978-3-8313-3168-0

Vorwort
Liebe 68er!

Eigentlich gehört uns diese Bezeichnung ja gar nicht – landläufig sind die 68er die Studenten, die in den Jahren um unsere Geburt herum versucht haben, die ganze Gesellschaft umzugestalten. Zumindest auf der anderen Seite des Eisernen Vorhangs.

Wir hingegen haben damals erst mal nur das Leben unserer Eltern umgestaltet – das dafür umso nachhaltiger. Vorläufig war für sie Schluss mit sorg- und verantwortungsloser Freizeit oder durchschlafenen Nächten. Wir neuen Menschlein erhoben unsere Stimmen – zunächst mit forderndem Geschrei zum unpassenden Zeitpunkt, später mit nicht enden wollenden Frageserien zu den großen und kleinen Problemen dieser Welt („Warum regnet es?", „Warum schläfst du noch?" oder „Warum geht ihr zur Arbeit?").

Noch später wurden wir Pioniere und dann FDJler, Mitglieder in GST, DSF oder DTSB. Schule, Arbeitsgemeinschaften oder Training prägten unseren Tagesablauf. Dazwischen erlebten wir den ganz normalen Wahnsinn des Großwerdens: zwischen Pflichten und Vergnügungen, Klassenarbeit und Kino, Disko und Diskussionen, Lebenslust und Liebesleid.

Politisch herrschte Ende der 60er-Jahre relative Ruhe. Der Prager Frühling war schnell Geschichte. Es ging alles „seinen sozialistischen Gang", wie ein Schlagwort es ausdrückte. Mitte der 70er-Jahre jedoch änderte sich die Stimmung. Wohnungen und Waren wurden knapper, aber in den Zeitungen war nach wie vor nur von Erfolgen die Rede. Kaum noch jemand glaubte an diesen ständigen Selbstbetrug. Der Innendruck des Landes stieg und suchte nach einem Ausweg.

Als 1989 die politische Wende kam, waren wir schon erwachsen. Wir haben das Ende unseres Staates bewusst erlebt, und so hat uns die DDR fürs ganze Leben geprägt – mit allen guten und weniger guten Erfahrungen. Wir werden immer „Ossis" bleiben, und ich wünsche euch, dass ihr zu euren Wurzeln stehen könnt – bei aller Offenheit für die ständige Veränderung der Welt.

Dörte Rahming

Dörte Rahming

Von der Wiege in den Märchenwald

Die neuen 68er sind da!

Das Licht der Welt, das wir erblickten, war ein künstliches: weiße Neonröhren erleuchteten den Kreißsaal, das Geflimmer wurde von den ebenso weißen Wänden reflektiert. Nebenan hinter der spanischen Wand kämpfte sich oft gerade ein Altersgenosse in die Welt hinaus. Kaum atmeten wir allein, bekamen wir ein Bändchen mit einem Heftpflaster ums Handgelenk, darauf vermerkt waren Name und Geschlecht – Verwechslung ausgeschlossen.

Denn schon nach wenigen Stunden hielten die Ärzte und Schwestern des Krankenhauses uns für selbstständig genug, ohne Mama, dafür unter unseresgleichen zu sein: auf der Neugeborenenstation. Nur alle vier Stunden legten sie uns nebeneinander auf einen Wagen, um uns zu unseren Müttern zu transportieren. Dort wurden wir verteilt – entsprechend der

Chronik

8. April 1968
Ein Volksentscheid billigt die neue Verfassung für die DDR, die sich darin als „sozialistischer Staat deutscher Nation" bezeichnet.

30. Mai 1968
In Leipzig wird die vollkommen intakte Universitätskirche gesprengt.

11. Juni 1968
Im Verkehr zwischen der DDR und der BRD wird die Pass- und Visapflicht eingeführt.

1. Juli 1968
Die Mindestrente in der DDR wird auf 150 Mark erhöht.

20. August 1968
Truppen des Warschauer Paktes, also auch Soldaten aus der DDR, marschieren in die Tschechoslowakei ein und beenden gewaltsam den „Prager Frühling".

12.–27. Oktober 1968
Bei der Olympiade in Mexico City treten erstmals zwei deutsche Mannschaften an, allerdings noch ein letztes Mal mit gemeinsamer Hymne und Flagge.

8. Mai 1969
Kambodscha nimmt als erstes nichtsozialistisches Land diplomatische Beziehungen zur DDR auf. Dafür gehen die diplomatischen Beziehungen zur Bundesrepublik verloren. Später im Jahr erkennen mehrere arabische Staaten die DDR an.

3. Oktober 1969
Die DDR bekommt ein zweites Fernsehprogramm.

19. März 1970
Erstes deutsch-deutsches Gipfelgespräch: der Vorsitzende des Ministerrates der DDR, Willi Stoph, und Bundeskanzler Willy Brandt treffen sich in Erfurt. Die Bevölkerung begrüßt den Kanzler stürmisch und löst dadurch Unwillen bei der eigenen Regierung aus.

21. Mai 1970
Das zweite Gipfeltreffen zwischen Stoph und Brandt in Kassel endet ergebnislos. Stoph beharrt auf der Anerkennung der DDR durch die Bundesrepublik.

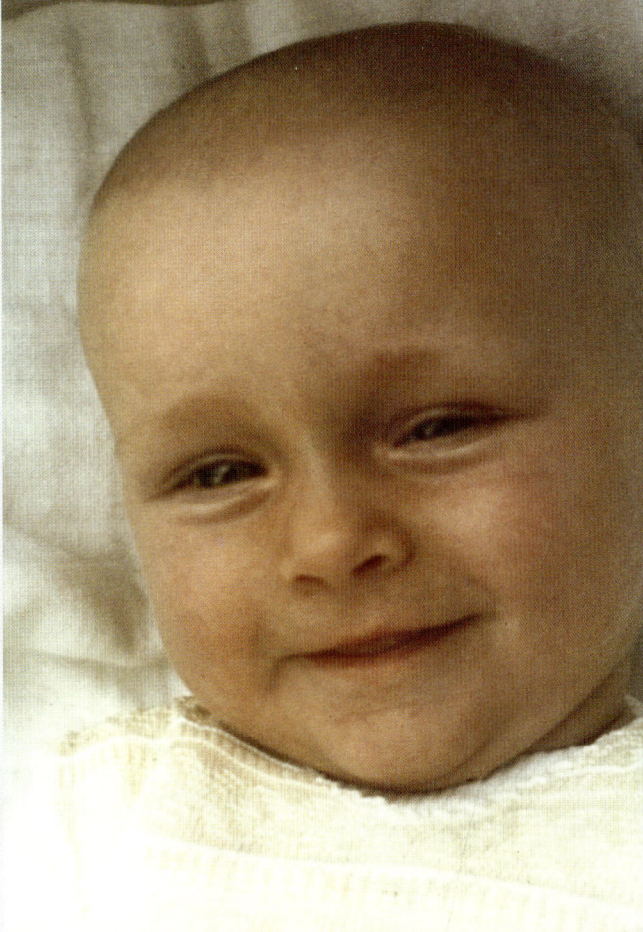

Glücklich auf der Welt angekommen.

gängigen Lehrmeinung sollte man nicht öfter stillen. Der Lärmpegel von acht oder zwölf hungrigen Babys zerrte an den Nerven der Anwesenden – die folgende Stille, wenn sie alle an Mutters Brust lagen, schien absolut.

Nach einer halben Stunde war das Paradies aber schon wieder vorbei: Wir wurden eingesammelt und zurück auf die Kinderstation gebracht. Unsere Mütter blieben zurück – voller Sehnsucht. Aber sie sollten sich schonen, wenig aufstehen, Kräfte sammeln für den Alltag zu Hause.

1. bis 3. Lebensjahr

WIEGEKARTE

für

Name:

geboren: 31.3.1969 Reithauustr.
Goethestr. 2

Mutter, stille dein Kind!

Warum

Weil deine Milch, liebe Mutter, die beste und bekömmlichste Nahrung für dein Kind ist!

Es gibt keinen vollwertigen Ersatz für Muttermilch!

Brustkinder erkranken seltener an Infektionskrankheiten, und die Krankheiten verlaufen bei Brustkindern in der Mehrzahl der Fälle leichter als bei künstlich ernährten Kindern.

Muttermilch ist immer frei von Krankheitskeimen.
Sie enthält:
1. alle für dein Kind erforderlichen Nahrungsstoffe in der richtigen Zusammensetzung,
2. alle lebensnotwendigen Vitamine,
3. Abwehrstoffe gegen Krankheiten.

Um deine Stillfreudigkeit zu steigern, erhältst du bis zu einer Stilldauer von 6 Monaten in jedem Monat 10,- M. Vorsorgeuntersuchung hierfür ist, daß du mindestens zweimal am Tage stillst und daß sich die Mütterberatungsstelle von deiner Stillfähigkeit überzeugt hat.

6905 VLV Freiberg – Zweigbetr. Dresden – Ag 307/DDR
III/11/10 68 D 4001 – 2679

Privatleben unter ärztlicher Aufsicht

Der Alltag zu Hause begann ungefähr eine Woche nach unserer Geburt. Gelernt ist gelernt: Unsere Mütter legten uns weiterhin nur alle vier Stunden an die Brust – zwischendurch gab's Tee aus dem Fläschchen.

   Doch irgendwie hat es gereicht – wir entwickelten uns prächtig. Das wurde regelmäßig bei der Mütterberatung festgestellt. Ein Mal in der Woche wiegen, messen, abhorchen beim Kinderarzt. Diese Vorsorgeuntersuchungen waren Pflicht – wer sich nicht dran hielt, bekam kein Stillgeld. Und das waren immerhin

Am Wochenende war Zeit für die Familie: erst kuscheln …

zehn Mark im Monat – ein halbes Jahr lang. Bei einem Durchschnittsverdienst zwischen 600 und 800 Mark konnten die Familien so eine kleine Zusatzzahlung gut gebrauchen. Später kamen die ersten Impfungen. Sie machten uns immun gegen Mumps und Masern, Röteln und Pocken, Keuchhusten und Kinderlähmung. Auch hier gab es keine eigene Entscheidung – die Spritzen waren vorgeschrieben.

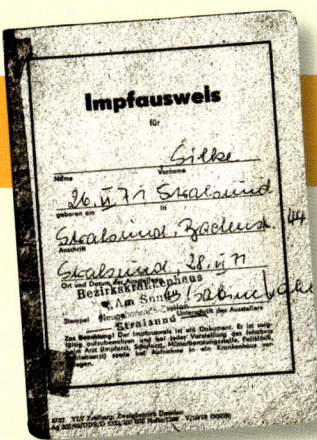

... später spazieren gehen.

Nahrungskette von oben nach unten

Meist war nach zwei Monaten Schluss mit der häuslichen Idylle. Die Jung-Mütter mussten wieder arbeiten – acht von zehn Frauen hatten einen festen Job. Die meisten von uns wurden in die Kinderkrippe gebracht, manche von Tagesmüttern betreut – nur dass es diesen Begriff damals noch nicht gab.

Pro Tag bekam die junge Mama anderthalb Stunden Zeit, kurz vom Arbeitsplatz zu verschwinden und ihr Baby zu stillen – eine Chance immerhin, dem Kind noch eine Weile die „beste und bekömmlichste Nahrung" zukommen zu lassen. So stand es immerhin auf den Stillkarten, die von den Schwangerenberatungsstellen ausgegeben wurden.

Dazu gab es Milasan, Milchpulver zum Anrühren – einen Brei, der uns satt und zufrieden machte. Später Ki-Na (Kindernahrung), am Wochenende auch mal selbstgemachten Milchbrei. Was unsere Körper nicht brauchten, landete in Stoffwindeln. Die mussten nach Benutzung mühsam saubergemacht, eingeweicht, gewaschen, gespült werden. Glücklich, wer damals schon eine Waschmaschine, die legendäre WM 66, besaß. Alle anderen standen am großen Wäschetopf und fischten die sauberen, heißen Windeln mit einem großen Holzlöffel heraus. Eine mühsame Prozedur – verständlich, dass unsere Eltern sie möglichst bald hinter sich lassen wollten. Und so fanden wir uns, kaum dass wir freihändig sitzen konnten, auf dem Töpfchen wieder. Die Ergebnisse stellten sich zunächst natürlich eher nach dem Zufallsprinzip ein, aber mit der Zeit merkten wir, was das Ganze sollte.

Frühes Topfen spart Windeln und Arbeit.

Mobil-Werdung

Die Zeiten wurden spannender – für uns. Und anstrengender – für unsere Eltern. Vorbei die Monate, da sie uns einfach irgendwo hinlegen oder hinsetzen konnten und uns nach einer Weile noch genau dort wiederfanden. Wir entdeckten das Krabbeln und damit die Welt um uns herum. Unsere Mütter (oder auch Väter) hatten aber ja gelegentlich was anderes zu tun, als alle wachsamen Augen auf uns kleine Tunichtgute zu werfen. Also verfrachteten sie uns samt Lieblingsspielzeug ins Laufgitter. Dort saßen wir auf ungefähr zwei Quadratmetern und waren mehr oder weniger zufrieden.

Meist weniger, denn das Protestge-
heul wurde im Laufe der Wochen
lauter. Irgendwann lernten wir, über
das Gitter zu klettern und dahin zu
krabbeln, wo Mama war, zum Beispiel
in die Küche. Wenn sie clever war,
teilte sie uns das Schrankfach für die
Plasteschüsseln zum Ein- und
Ausräumen zu.

Der Prager Frühling und sein Ende

Im Januar 1968 war Alexander Dubcek
zum Vorsitzenden der kommunistischen
Partei in der Tschechoslowakei gewählt
worden. Unter Führung des Slowaken
begannen Reformen in Politik und
Wirtschaft. Die Zensur wurde abge-
schafft, Presse- und Versammlungsfrei-
heit garantiert, der unzufriedenen
Bevölkerung mehr Liberalismus in
Aussicht gestellt. „Sozialismus mit
menschlichem Antlitz" wurde zum
Schlagwort des Prager Frühlings, wie
die Entwicklung in der ČSSR – nach
einem gleichnamigen Musikfestival –
genannt wurde.

Doch außerhalb der Staatsgrenzen,
bei den sozialistischen Bruderländern,
wurde die Entwicklung mit Besorgnis
registriert. Insbesondere der sowjetische Staats- und Parteichef Leonid I.
Breschnew sah die Einheitlichkeit des
Ostblocks gefährdet. Walter Ulbricht,
damals Staatsratsvorsitzender der SED,
befürchtete, dass der Reformkommu-

nismus auch in der DDR populär
werden könnte.

In der Nacht zum 21. August 1968
marschierten Truppen der „befreunde-
ten Bruderarmeen" in die ČSSR ein.
Dubcek wurde nach Moskau gebracht.
Dort unterschrieb er das so genannte
„Moskauer Protokoll", die Kapitulation.

Als er es wenig später im Fernsehen
vorlas, hörte auch der gewaltlose
Widerstand der Bevölkerung gegen die
Eindringlinge auf.

Dennoch starben mehr als 100
Menschen durch die Besatzung. Die
gerade begonnenen Reformen wurden
wieder rückgängig gemacht. In der DDR
gab es Demonstrationen und Flugblat-
taktionen gegen den Einmarsch – sie
wurden jedoch schnell durch die
Sicherheitsorgane unterdrückt.

Im November verkündete die so
genannte Breschnew-Doktrin, dass
sozialistische Länder nur eine begrenzte
Souveränität haben.

Krippe, Krabbler, Krankheiten

In der Kinderkrippe fanden wir unsere ersten Freunde. Sie waren genauso klein wie wir, aber zusammen lernten wir die Welt kennen. Zunächst krabbelnd, später laufend, rennend, spielend.

Manche wurden schon ganz früh am Morgen gebracht – ab sechs Uhr hatten die Einrichtungen geöffnet. Um halb acht gab es Frühstück, danach wurden die Babys noch mal für ein Stündchen hingelegt, um Kraft zu tanken für den erlebnisreichen Vormittag. Selbst hier in der Krippe gab es einen Plan, welche Beschäftigung an welchem Tag dran war. Musik, Sport, Spiele und Spracherziehung waren die Sachgebiete, deren Lernziele in einem dicken Buch festgelegt waren.

In diesen Wagen konnten auch die Kleinsten mit zum Spaziergang.

Erste Freundschaften im Kindergarten.

Meist war danach noch Zeit für einen Spaziergang. Die ganz Kleinen saßen zu sechst in einem Wagen und betrachteten die Umwelt. Die Größeren gingen an der Leine: ein langer Strick mit Laschen, an die alle anfassten. So konnte keins verloren gehen. Zurück im Haus, gab es Mittag – extra für kleine Mägen zusammengestellt und im Hause gekocht.

Damals gab es genug Personal für alle Aufgaben. Die Erzieherinnen hatten jeweils sechs bis sieben Kinder zu betreuen. Außer der Köchin gab es noch eine Wäschefrau, die für saubere Sachen sorgte. Und das hieß in erster Linie: saubere Windeln. Die Mull- oder Vliestücher wurden zentral zur Verfügung gestellt und gewaschen. Die Eltern bekamen sogar ein Paket mit nach Hause, damit die Kleinen morgens in Staatswindeln zur Krippe gebracht werden konnten. So blieben die Wäschestücke immer im Kreislauf.

Aus der Krippe brachten wir auch unsere ersten Krankheiten mit. Bei so vielen Kleinen auf einem Fleck hat immer eins Husten oder Schnupfen – und schon fingen wir uns die Bakterien ebenfalls ein. So ging jungen Müttern der Ruf voraus, öfter mal der Arbeit fernzubleiben – „mit Kind krank". Ihre Aufgaben mussten von den Kollegen miterledigt werden. Schlimm für die, deren

1. bis 3. Lebensjahr

Kinder sehr anfällig waren. Da ließ sich der eine oder die andere Vorgesetzte schon mal zu Sätzen hinreißen wie: „Wenn ich gewusst hätte, dass Sie so viel ausfallen, hätte ich Sie nicht genommen." Zum Glück hatten solche Sprüche keine Konsequenzen für die Eltern. Und wenn die Kleinen zu oft krank waren, konnte der Kinderarzt die Mutter auch mal ein halbes oder gar ein ganzes Jahr vollständig von der Arbeit freistellen.

Denn die vielen Kinder wurden vom Staat begrüßt. 2,4 Kinder pro Frau waren nötig zur Reproduktion der Gesellschaft, und so forderte ein leitender Angestellter mit Blick fürs große Ganze einmal seine Mitarbeiter auf, die Frauen doch „in ihrer vaterländischen Pflicht zu unterstützen", wenn sie ihren Nachwuchs gesundpflegen mussten.

Sprüche bekamen auch unsere Väter zu hören. Wenn Mama im Schichtdienst arbeitete, erschien eben Papa am Kindergartentor und holte uns ab. Und wenn wir krank waren, meldete manchmal auch er sich krank. Manch ein Chef tobte zunächst, gewöhnte sich allmählich aber an den zeitweise abwesenden Familienvater.

„Telespargel" als Politiksymbol

Walter Ulbricht hatte das letzte Wort und entschied: „Der Fernsehturm kommt an den Alexanderplatz."

Knapp viereinhalb Jahre nach dem Beschluss wurde am 3. Oktober 1969 der Berliner Fernsehturm eröffnet. Mit 365 Metern Höhe weithin sichtbar, sollte er ein Symbol für den sozialistischen Teil Deutschlands sein. Das Bauwerk war damals der zweithöchste Turm Europas, nur der Moskauer Fernsehturm ragte noch höher auf.

In erster Linie jedoch war der „Telespargel" eine Touristenattraktion. Hunderttausende standen jedes Jahr an, um Berlin von oben zu sehen. Zwei Personenaufzüge bringen bis heute die Besucher in die Kugel.

Dort, rund 200 Meter über dem Boden, sind zwei von sieben Geschossen für die Besucher geöffnet: die Aussichtsplattform und das Telecafé. Wer dort einen Platz ergatterte, konnte sich in aller Ruhe einen Rundumblick über die riesige Stadt verschaffen: Der Außenring der Kugel dreht sich in einer halben Stunde ein Mal um die eigene Achse. So hatte man den Westen wenigstens mal von oben gesehen.

Doch der Fernsehturm war nie nur ein Turm zum In-die-Ferne-Sehen. Der Ostteil der Stadt brauchte in den sechziger Jahren eine eigene Antennenanlage für Funk und Fernsehen, und so war das Wahrzeichen immer auch eine technische Einrichtung.

Spielen – unsere „Arbeit"

Inzwischen hatten wir laufen gelernt. Ein manchmal langwieriger Prozess. Angesagt waren Leinen mit Brustgurt, an denen unsere besorgten Eltern uns vor schlimmeren Stürzen bewahren konnten. Irgendwann tippelten wir aber dann doch ganz alleine los.

Fürs Familienleben blieben die Wochenenden. Wir liebten es, unsere Puppen und Teddys im Puppenwagen durch Wohnung und Wohngebiet zu schieben. Oder wir waren auf dem Holzdreirad unterwegs.

Auf dem Wohnzimmerteppich fanden sich Holz- und Plasteklötzchen in friedlichem Miteinander. Außerdem liebten wir improvisiertes Spielzeug wie die Metallschachtel, in der Mama die Knöpfe aufbewahrte. Oder leere Garnrollen aus Holz, die wie Spindeln aussahen.

Viel Platz hatten wir meist nicht. Der staatliche Wohnungsverteilschlüssel setzte enge Grenzen: Einem Erwachsenen stand ein Zimmer zu; gab es in der Familie ein Kind über sechs Jahre, stieg der Anspruch um ein halbes Zimmer. Doch wir waren ja gerade erst zwei oder drei – da hieß es noch zusammenrücken. Nicht viel Freiraum für die Jungeltern. Abends ab sieben musste Ruhe herrschen, wenn das Kleinkind schlummerte.

Auch zu Hause gab es viel zu entdecken.

1. bis 3. Lebensjahr

Tagsüber begleitete uns Musik. Beim Spielen lief oft eine Schallplatte mit Märchen oder Kinderliedern. „Kam ein kleiner Teddybär aus dem Spielzeuglande her. Und sein Fell war wuschelweich, alle Kinder rufen gleich: Bummi, Bummi ...“ – Dieses Lied lernten wir schon in der Krippe. Der kleine gelbe Bär war unser Liebling. Alle zwei Wochen gab es ein neues, buntes Bummi-Heft mit Geschichten, Spielen und Bastelanleitungen. Weit über eine halbe Million Exemplare wurden jedes Mal verkauft.

Unsere Bücher waren aus Pappe – robust und bunt. „Die Sonne scheint ins Igelhaus – he, aufstehen, Borstel, komm heraus!“ – Solche und viele andere Sprüche oder kleine Gedichte konnten wir auswendig.

Und wir kannten natürlich auch schon Herrn Fuchs und Frau Elster, Pittiplatsch, Schnatterinchen und all die anderen Figuren aus dem Märchenwald.

Manche unserer Freunde waren größer als wir.

Die tauchten nämlich jeden Abend um zehn vor sieben im Fernsehen auf: Sandmännchen-Zeit! Der Zwerg mit roter Jacke und roter Zipfelmütze hatte immer ein Abenteuer aus dem Märchenwald dabei und natürlich den kleinen Sack mit dem Traumsand. Den streute er uns zum Abschied via Bildschirm in die Augen.

Prominente 68er aus der DDR

19. Jan.	**Timo Lange** *Fußballer FC Hansa Rostock*
22. Jan.	**Franka Dietzsch** *Weltmeisterin im Diskuswerfen*
5. Mai	**Dariusz Michalszewski** *Boxer*
1. Juni	**Jens Dowe** *Fußballer*
21. Juni	**Chris Gueffroy** *das letzte Todesopfer an der Berliner Mauer († 6. Feb. 1989)*
12. Juli	**Olaf Holetschek** *Fußballer*
21. Nov.	**Inka Bause** *Schlagersängerin und Moderatorin*

Dariusz Michalszewski

Inka Bause

1. bis 3. Lebensjahr

Kindergarten – der Alltag unserer frühen Jahre

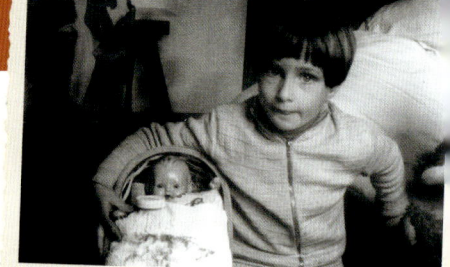

Abwechslungsreiche Routine

Um den dritten Geburtstag herum wurden wir groß – wir kamen in den Kindergarten.

Morgens gegen halb sechs holten uns müde Eltern aus dem Schlaf, die meisten von uns starteten nicht eben gut gelaunt in den Tag. Aber eine Stunde später hängten wir uns voller Stolz die Brottasche um und gingen an Mamas oder Papas Hand los. Unsere Eltern mussten meist zwischen sieben und halb acht am Arbeitsplatz erscheinen, da war kein anderer Ablauf möglich. Die Frühschichtler konnten ihre kleinen Großen sogar schon ab sechs Uhr bringen.

In den Kindergarten gingen wir fast alle. Für jedes Kind stand ein Platz bereit, auch auf dem Land. Viele große Betriebe hatten eigene Einrichtungen für die Sprösslinge der Belegschaft, die anderen gingen in die städtischen Kindergärten.

Chronik

21. Januar 1971
An der innerdeutschen Grenze verlegt die DDR bei neuen Sicherungsmaßnahmen mehr als zwei Millionen Minen und über 80 000 Kilometer Stacheldraht. Das berichtet der Bundesgrenzschutz.

15.–19. April 1971
Auf dem VIII. Parteitag der SED wird die „Einheit von Wirtschafts- und Sozialpolitik" beschlossen. Nach außen will die DDR sich stärker an die UdSSR anlehnen.

15. November 1971
Der Radiosender „Stimme der DDR" nimmt den Sendebetrieb auf. Er ist aus der „Berliner Welle" und dem ehemaligen Deutschlandsender entstanden.

17. Dezember 1971
Im Bonner Bundeskanzleramt wird das Transitabkommen zwischen DDR und BRD unterzeichnet. Es ist das erste Abkommen zwischen den beiden deutschen Staaten, das auf Regierungsebene geschlossen wurde. Durch die Erleichterungen stiegen Personen- und Warenverkehr sprunghaft an.

9. März 1972
Schwangerschaftsabbrüche innerhalb der ersten drei Monate werden erlaubt. Das beschließt die Volkskammer – erstmals seit ihrem Bestehen nicht einstimmig (14 Gegenstimmen, acht Enthaltungen).

1. September 1972
Der Schusswaffengebrauch an der „Staatsgrenze West" wird zulässig. Schutzstreifen und Sperrzonen werden festgelegt.

18. September 1973
Die DDR und die BRD werden in die Vereinten Nationen aufgenommen.

24. Oktober 1973
Dynamo Dresden tritt gegen den FC Bayern München an. Im Europapokal der Landesmeister verlieren die Sachsen im Münchener Olympiastadion mit 3:4.

10. Dezember 1973
Die SED verleiht den Pionieren ab Klasse 4 das Recht, das rote Halstuch („Teil der Arbeiterfahne") zu tragen.

Aufmerksames Zuhören im Kindergarten.

Die Kosten lagen bei 77 Mark pro Monat, davon mussten unsere Eltern allerdings nur gut ein Drittel bezahlen.

Unsere Erzieherinnen waren studierte Frauen – in zwei Jahren Fachschule hatten sie gelernt, was sie uns wie beibringen sollten. Sie leisteten pädagogische Arbeit, war doch das Kindergartenwesen dem Ministerium für Volksbildung zugeordnet (im Gegensatz zu den Krippen, deren Beschäftigte in die Berufsgruppe Gesundheitswesen gehörten).

Zum gemeinsamen Frühstück packte jeder von uns seine Brottasche aus. Zum Vorschein kamen belegte Brote, dazu ein bisschen Obst oder gar eine Tomate, wenn die Eltern Beziehungen hatten oder einen Garten. Was wir nicht schafften, wurde wieder eingepackt – unsere Eltern sollten ja erfahren, wie viel wir gegessen hatten.

4. bis 6. Lebensjahr

Am Ende der Macht

1970 wurde die Versorgung in der DDR schlechter. Unruhe verbreitete sich unter der Bevölkerung, die Unzufriedenheit trat offen zu Tage. Es kam sogar zu Arbeitsniederlegungen. Die Verantwortung für diese Entwicklung wurde Walter Ulbricht zugeschoben. Der bis dahin unumstrittene 1. Sekretär der SED und Vorsitzende des Staatsrates diskutierte nach Meinung seiner Genossen zunehmend „von einer Position der Unfehlbarkeit aus und entfremdete sich immer mehr vom wirklichen Leben". Mit diesen Formulierungen wendeten sich Mitglieder des Politbüros der SED, allen voran Erich Honecker, Anfang 1971 an den KPdSU-Chef Leonid Breschnew. Er sollte das Staatsoberhaupt zum Rücktritt bewegen.

Am 3. Mai 1971 wurde Walter Ulbricht entmachtet. Offizielle Lesart: Ablösung auf eigenen Wunsch – aus Altersgründen. Ulbricht selbst schlug Erich Honecker für seine Nachfolge vor. Dieser wurde nun SED-Generalsekretär und Vorsitzender des Nationalen Verteidigungsrates.

Auf dem VIII. Parteitag der SED im Juni 1971 gab der neue Chef eine neue Linie vor: Die Hauptaufgabe wurde die „weitere Erhöhung des materiellen und kulturellen Lebensniveaus des Volkes auf der Grundlage eines hohen Entwicklungstempos der sozialistischen Produktion, der Erhöhung der Effektivität, des wissenschaftlich-technischen Fortschritts und des Wachstums der Arbeitsproduktivität", später als „Einheit von Wirtschafts- und Sozialpolitik" zusammengefasst.

Walter Ulbricht blieb Vorsitzender des Staatsrats der DDR, hatte aber keinen politischen Einfluss mehr. Er starb zwei Jahre später kurz nach seinem 80. Geburtstag.

Verplante Vormittage

Danach ging es los mit den „Beschäftigungen". Jeden Tag stand ein anderes Fach auf dem Programm: Muttersprache, Zahlenspiele, Sport, Musik, Basteln. Dabei wurde akkurat nach Alter unterschieden: Die Kleinen unter den Großen waren die „kleine Gruppe", die Vierjährigen die „mittlere", die Fünf- und Sechsjährigen die „große". Darüber kam nur noch die Vorschule, aber dann war man ja schon fast kein Kindergartenkind mehr.

Die Kleinen übten, in ganzen Sätzen zu sprechen. Es gab Bildfolgen, zu denen wir die Geschichten erfinden durften. In Stufe 2 ging es um das Unterscheiden von Einzahl und Mehrzahl oder rechts und links. Die Großen schließlich übten Lebenspraktisches, entwarfen zum Beispiel Briefe, besorgten

Marken und entdeckten die großen gelben Briefkästen. Außerdem wussten wir unsere Adressen und kannten uns mit den Straßenverkehrsregeln aus.

In den Naturwissenschaften ging es um Zahlen und Ordnungszahlen, mehr und weniger, vor und zurück – die Anforderungen stiegen. Nur schreiben durften wir im Kindergarten nicht. Wer von uns schon seinen Namen und vielleicht die Anfangsbuchstaben seiner Eltern aufmalen konnte, musste das zu Hause tun. Das Schreiben wurde für die Schule aufgehoben.

In jedem von uns schlummerte ein Künstler. Das bewiesen wir täglich beim Malen, Falten, Reißen, Schneiden, Kneten, Kleben. Unsere Werke wurden später im Gruppenraum ausgestellt, oder wir durften sie unseren Eltern verehren.

Musikalisch bewegten wir uns zwischen „Geht mein Pferdchen Schritt für Schritt" in der kleinen Gruppe über „Kommt ein Vogel geflogen" und „Wind, Wind, fröhlicher Gesell" in der mittleren bis zu „Ich steh' an der Fahrbahn, es rauscht der Verkehr" und „Wisst ihr, was ich werden will" in der großen Gruppe. Natürlich hatten wir auch altgediente Kinderlieder wie „Frau Holle" oder „Es tanzt ein Bi-Ba-Butzemann" im Repertoire. Dazu spielten wir Triangel oder Xylophon und schlugen die Klanghölzer aneinander. Manchmal überließen wir das Musizieren anderen. Unsere Erzieherinnen legten Schallplatten auf und wir lernten zum Beispiel bei „Peter und der Wolf", wie verschiedene Instrumente klingen.

Besonders beliebt war der Sport. Kreisspiele, Laufen, Hüpfen, Klettern – jede Form von Bewegung war uns recht. Deshalb wurden die Sportstunden gern ein bisschen in die Länge gezogen.

Unsere künstlerische Sicht auf die Welt.

4. bis 6. Lebensjahr

Rotlichtbestrahlung für Jungbürger

Nicht zu kurz kommen durfte die politische Bildung. Der Staat fing früh an, den Nachwuchs an seine Rolle als „allseits gebildete sozialistische Persönlichkeit" heranzuführen. Da tauchte der Kommunist Ernst Thälmann auf, außerdem der erste Präsident der DDR, Wilhelm Pieck, und nicht zuletzt der aktuelle Staatschef Erich Honecker. Den sollten wir sogar auf Bildern erkennen. Manche von uns speicherten ihn als „König von der DDR" ab.

Wir kannten unsere Flagge und die rote Arbeiterfahne. „Berlin – die Hauptstadt der DDR" stand ebenso im Kindergarten-Lehrplan wie Lenin und die Sowjetunion. Wer Freund und wer Feind war in dieser Welt – das sollten wir früh begreifen. Und dass wir den Frieden wollen. Das konnten wir sogar singen:

> *Kleine weiße Friedenstaube,*
> *fliege übers Land;*
> *allen Menschen, groß und kleinen,*
> *bist du wohlbekannt.*
> *Fliege übers große Wasser,*
> *über Berg und Tal;*
> *bringe allen Menschen Frieden,*
> *grüß' sie tausendmal.*

Andere Lieder mit Titeln wie *„Geburtstag hat heut' unser Staat"* oder *„Wenn ich groß bin, gehe ich zur Volksarmee"* waren nicht so einprägsam und wurden – ähnlich wie die politischen Themen – bald wieder vergessen.

An der Erziehung wird noch gearbeitet ...

Kinder-Wellness am Nachmittag

Um zwölf gab es Mittagessen. In den meisten Kindergärten wurde selbst gekocht. Danach verwandelten sich unsere Gruppenräume in Schlafsäle. Wir schliefen auf brettharten Liegen mit ausklappbaren Beinen, die auch gelegentlich mal ungewollt wieder einklappten, was uns eine harte Landung bescherte. Die Liegen standen tagsüber hinter einem großen Vorhang, direkt daneben lagen unsere Decken gestapelt. Eine der Erzieherinnen bewachte unseren Schlaf oder das, was davon übrig blieb, wenn manch unruhiger Geist nicht liegen bleiben wollte.

Unsere Decken aus dem Regal holen und dort auch wieder hinbringen konnten wir bald allein. Ebenso lernten wir alle zusammen, Zähne zu putzen, Haare zu kämmen, ein Taschentuch zu benutzen, unsere Sachen aus- und vor allem zügig wieder anzuziehen. Als wir fünf waren, konnten wir Schleifen binden – eine enorme Erleichterung für unsere Betreuerinnen, die nun nicht mehr 25 Kindern die Schuhe zumachen mussten.

Draußen gespielt haben wir bei jedem Wetter – außer bei Regen oder Nebel. Meist hatte der Kindergarten eine große Spielfläche unter freiem Himmel, komplett mit Sandkiste, Bänken und Spielgeräten. Wir kurvten mit Dreirädern und Rollern über den Hof, hüpften mit Springseilen und liefen den Bällen hinterher.

Manchmal machten wir mit unserer Gruppe kleine Ausflüge, zum Beispiel zum Kastaniensammeln. Paarweise Hand in Hand, gut zähl- und überblickbar für die Erzieherinnen, zogen wir los. Die prall gefüllten Tüten wurden in den Zoo gebracht. Schließlich hatten wir gelernt, dass gerade Wildschweine gern Kastanien mögen.

… im Kindergarten war's nie langweilig.

War das Wetter schlecht, spielten wir drinnen den Alltag unserer Eltern nach: Doktor, Friseur und Eisenbahn, Straßenbahn oder Bus.

Natürlich hatten wir auch Pflichten. Da gab es zum Beispiel den Blumendienst, der die vorhandenen Zimmerpflanzen am Leben erhalten sollte. Diese Aufgabe wurde gelegentlich zum Experiment umfunktioniert: Wie viel Wasser kann man oben auf die Blumenerde gießen, bis es unten wieder herauskommt?

Außerdem wurden wir reihum zum Tischdienst verpflichtet: Vorher Teller verteilen, Tischspruch aufsagen, hinterher Teller wieder einsammeln und Tisch abwischen. Der Spruch diente der Disziplinierung der Voreiligen – bevor er nicht aufgesagt war, durften wir keinen Löffel heben. Es gab verschiedene Varianten, eine davon drohte imaginären Kleintieren: „Piep piep Mäuschen, bleib' in deinem Häuschen! Frisst du mir mein Butterbrot, kommt die Katz' und beißt dich tot! Piep piep piep, guten Appetit!"

Am Nachmittag wurden die Kinder nach und nach wieder abgeholt. Doch die meisten von uns blieben lange – die Eltern mussten fast neun Stunden arbeiten und eilten dann zum Kindergarten, um uns so schnell wie möglich einzusammeln. Doch selbst das klappte manchmal nicht. Dann blieb eine der Erzieherinnen so lange, bis Mama oder Papa angehetzt kamen. Einige Kinder durften mit fünf Jahren auch schon allein nach Hause gehen, wenn sie um die Ecke wohnten. Das löste eher Stolz als Angst aus – wer so etwas durfte, musste doch wohl schon ziemlich groß sein!

Familienplanung kostenlos

Egal, ob „Wunschkind-Pille" oder „Antibabypille" – Familienplanung war in der DDR ab 1972 auch chemisch möglich. Sieben Jahre zuvor hatte der VEB Jenapharm zum ersten Mal ein Hormonpräparat zur Empfängnisverhütung vorgestellt.

Ab 1972 konnten Frauen und Mädchen sich die „Pille", wie das Medikament kurz genannt wurde, kostenlos verschreiben lassen. Durch die flächendeckenden Betreuungsangebote konnten die Frauen Familie und Beruf gut unter einen Hut bringen. So blieb der befürchtete „Pillenknick" aus, die Geburtenzahlen blieben auch nach Einführung der Pille relativ konstant.

Im gleichen Jahr wurde auch der Schwangerschaftsabbruch legalisiert. In den ersten drei Monaten konnte die Frau frei entscheiden, ob sie das Baby austragen wollte. Wenn nicht, wurde der Eingriff unkompliziert in einer Klinik durchgeführt. Eine Beratung war nicht vorgeschrieben. Zwischen zwei Abbrüchen mussten allerdings mindestens sechs Monate liegen. Wurde die Frau häufiger ungewollt schwanger, entschied eine Ärztekommission über die Zumutbarkeit eines weiteren Abbruchs.

Familienausflug – Vater fotografiert.

4. bis 6. Lebensjahr

Von Pinguin über Clown und Teufel bis Prinzessin waren alle beim Fasching dabei.

Soloauftritt beim Kulturprogramm.

Feste feiern

Sehr beliebt waren alle Arten von Festen. Anlässe gab's genug: Fasching am Anfang des Jahres, Kindertag am 1. Juni, außerdem Frauentag, Republikgeburtstag, Rentnerfeiern.

   Die ersten beiden galten uns. Wir bastelten uns unsere Geschenke selbst: Zum Beispiel wurden an langen, dünnen Stöcken Schleifen oder Luftballons befestigt – die durften wir am Ende des Tages mit nach Hause nehmen.

   Die anderen Anlässe erlebten wir auf den Bühnen von Kantinen oder Feierabendheimen. Während unzähliger Proben studierten unsere Erzieherinnen mit uns kleine Kulturprogramme ein, in liebevoller Handarbeit wurden Kostüme angefertigt. Lieder, Tänze, Gedichte – unsere Auftritte rührten das Publikum immer wieder. Kein Wunder, waren wir doch mit Feuereifer und Hingabe bei der Sache und unglaublich stolz, dort stehen zu dürfen.

Letzter Schritt zum Großwerden

Die letzte Zeit im Kindergarten waren wir „Vorschüler". Was wir in den Beschäftigungen lernten, wurde beim Schuleignungstest abgefordert, der von den Lehrern unserer zukünftigen Schule selbst abgehalten wurde. Wir mussten zum Beispiel Figuren malen, deren Finger dann gezählt wurden, um unseren Reifegrad abzuschätzen. Uns trieb die Angst, nicht in die Schule zu dürfen – war das doch das Entscheidende, was uns von den Kleinkindern unterschied. So gingen wir nach bestandenem Test erleichtert hinaus und warteten ungeduldig den letzten Sommer vor der Einschulung ab.

Bei den Vorschülern schleichen sich doch die ersten Buchstaben aufs Bild.

4. bis 6. Lebensjahr

Schülerleben mit blauem Halstuch und Goldener Eins

In den Gesichtern der Abc-Schützen
eine Mischung aus Stolz und Skepsis.

Einschulung –
der große Tag

Der Ernst des Lebens begann an
einem Sonntag. Am 1. September 1974 kamen wir in die Schule.

Fein herausgeputzt, mit dem neuen Ranzen auf dem Rücken und der Schul-
tüte im Arm, stolzierten wir in Richtung Lehranstalt. Eskortiert wurden wir von
der ganzen Familie: unseren Eltern natürlich, unseren Geschwistern (wenn
vorhanden), dazu Oma und Opa, vielleicht noch das andere Oma-und-Opa-
Paar, und bei manchen sogar ein Onkel oder eine Cousine. Die ganze Gesellschaft versammelte sich vor der Schule, es gab Reden von großen Leuten,
Lieder und Gedichte von kleinen Leuten: Unsere Lehrer hießen uns willkom-
men, und die Großen aus der zweiten Klasse hatten ein Kulturprogramm für

Chronik

24. April 1974
Günter Guillaume, persönlicher Referent von Bundeskanzler Willy Brandt, wird als Spion der DDR enttarnt. Zwei Wochen später tritt Brandt zurück.

Juni/Juli 1974
In der BRD findet die Fußball-Weltmeisterschaft statt. Im Finale siegt der Gastgeber gegen die Niederlande. Allerdings hatte der spätere Weltmeister in der Vorrunde gegen die DDR sensationell mit 0:1 verloren. Dies blieb das einzige Spiel zwischen den Nationalmannschaften der beiden deutschen Staaten.

27. September 1974
Der Begriff „deutsche Nation" wird aus der Verfassung der DDR gestrichen.

17. Juli 1975
„Rendezvous im All": Die sowjetische Raumkapsel Sojus 19 und das amerikanische Raumschiff Apollo 18 koppeln aneinander. Das Manöver soll politische Entspannung dokumentieren.

7. Oktober 1975
Erstmals wird der Gründungstag der DDR als Nationalfeiertag begangen.

15. Dezember 1975
Kanzleramtsspion Günter Guillaume wird in Düsseldorf zu 13 Jahren Haft wegen Spionage für die DDR verurteilt.

18.–22. Mai 1976
IX. Parteitag der SED in Berlin. Erich Honecker wird zum Generalsekretär gewählt.

18. August 1976
In Zeitz verbrennt sich der Pfarrer Oskar Brüsewitz selbst aus Protest gegen die politische Unterdrückung, die Diskriminierung von Christen und die atheistische Erziehung in der DDR.

16. November 1976
Der Liedermacher Wolf Biermann tourt durch die BRD. Währenddessen beschließt die SED-Parteiführung seine Ausbürgerung.

17. Februar 1977
Erich Honecker gibt in einem Interview mit der „Saarbrücker Zeitung" zu, dass 10 000 Bürger der DDR einen Ausreiseantrag gestellt haben.

20. Juni 1977
Der Schauspieler und Sänger Manfred Krug siedelt in die Bundesrepublik über.

Festtagskleid zum ersten Schultag.

uns vorbereitet. Dann folgte unsere allererste Schulstunde. Wir gingen in unseren Klassenraum, nur wir Erstklässler, ohne Anhang. Ganz allein unter so vielen unbekannten Gesichtern – da konnte einem schon mulmig werden. Aber neben uns saß vielleicht die beste Freundin oder der Kumpel vom Spielplatz, die Lehrerin war freundlich – also war es zu überstehen.

Der Rest des großen Einschulungstages verging mit Torte-Essen und Kaffeetrinken für die Großen, mit Schultüte-Auspacken und Darin-enthaltene-Süßigkeiten-Testen für uns.

Tagfüllende Schule

Der erste echte Schultag begann am nächsten Morgen um halb acht. Plötzlich gab es im Klassenraum einen vorgeschriebenen Sitzplan und langsam gewöhnten wir uns aneinander. Schließlich verbrachten wir in der Schule mehr Zeit als zu Hause: Jeden Tag kamen wir her, nur sonntags nicht.

In der Mitte des Vormittags lag die Hofpause. Die hatte ihren Namen erwartungsgemäß, weil wir in diesen zwanzig Minuten draußen sein sollten. Die meisten genossen das sehr, tobten, rannten, spielten. Einige Mädchen hätten die große Pause lieber schwatzend im Klassenraum verbracht. Aber auch sie wurden von den Aufsichtslehrern rausgescheucht. Erst Jahre später wurde uns klar, dass

Wir lernten schreiben ...

diese Maßnahme durchaus sinnvoll war, konnten wir doch unter freiem Himmel unsere Sauerstofftanks wieder auffüllen. Danach klappte es dann auch wieder mit dem Konzentrieren.

Mittags war Schluss mit Unterricht. Zeit für die Schulspeisung. Das Essen wurde in olivgrünen Kübeln angeliefert und mit großen Kellen ausgeteilt. Unsere Eltern bezahlten 2,75 Mark pro Woche dafür.

Mit dem letzten Klingelzeichen rasten wir die Treppen hinunter, schleuderten unsere Ranzen in irgendeine Ecke und versuchten, in der Schlange an der Essenausgabe so weit wie möglich vorn zu stehen. Es gab immer Rangeleien, Vordrängeln, Zanken. Dabei war wirklich genug für alle da.

Jeder hatte eine Bestecktasche dabei – darin im Idealfall Messer, Gabel, Löffel, aber auch ein kleines Handtuch (zum Abwaschen nach beendetem Mahl) und die Essenmarken, die bewiesen, dass wir bezahlt hatten.

Die wenigsten waren „Mittagskinder" und durften nach dem Essen gehen. Alle anderen blieben im Hort. In der 1. Klasse stand sogar noch ein Mittagsschlaf auf dem Plan – genau wie im Kindergarten. Allerdings wurde hier der Widerstand gegen die verordnete Pause schon größer. Da gab es zum

Beispiel von uns die Forderung, die Gardinen im Klassenraum dürften nicht zugezogen werden, wir könnten im Dunkeln nicht schlafen. Und ähnliche Bestrebungen, die Ruhe nicht einzuhalten.

Manche durften nach dem Aufstehen gehen. Die anderen blieben noch den ganzen Nachmittag im Hort, machten zusammen Hausaufgaben, tobten dann auf dem Schulhof herum oder gingen in verschiedene Arbeitsgemeinschaften. Die Auswahl war reichlich und variierte von Schule zu Schule – je nachdem, welche Fachkräfte zur Verfügung standen. Es gab AGs „Junger Rezitatoren", „Junger Verkehrshelfer", „Junger Poeten" und „Junger Kosmonauten". Wir konnten basteln, kochen, nähen, singen oder musizieren. Die Teilnahme war eigentlich freiwillig, aber eine Verweigerung konnte sich schon mal negativ auf die Beurteilung im Zeugnis auswirken.

... und wir lernten, die richtige Fahne ans Haus zu malen.

Halstuch, Ausweis, Mitgliedsnummer: Junge Pioniere

Mitte Dezember kam der erste politische Höhepunkt unserer Schülerlaufbahn auf uns zu: die Aufnahme in die Pionierorganisation „Ernst Thälmann". Der 13. Dezember als Gründungstag bot sich an, die neuen Jungpioniere zu begrüßen. Unsere Eltern hatten uns eine Pionierbluse gekauft, blütenweiß mit dem Emblem auf dem Ärmel. In einer Feierstunde wurde uns das blaue Halstuch umgelegt, und wir durften das erste Mal den

Vollständige Pionierkleidung für offizielle Anlässe.

Seite unseres Jungpionierausweises.

Pioniergruß „Seid bereit!" mit einem kollektiven „Immer bereit!" erwidern. Auch einen Ausweis gab es, sogar mit Foto und eigener Unterschrift. Darauf waren die „Gebote der Jungpioniere" verzeichnet. Es ging zunächst darum, wen wir lieben, nämlich unsere DDR, unsere Eltern und den Frieden (in dieser Reihenfolge). Weiterhin verpflichteten wir uns zu gutem Lernen, Freundschaft, Hilfsbereitschaft, Sauberkeit und Sportlichkeit. Und nicht zuletzt trugen wir „mit Stolz unser blaues Halstuch und bereiten uns darauf vor, gute Thälmannpioniere zu werden", wie es in den Geboten für die Jungpioniere hieß.

Dienstpflichten und Bienchen-Lob

Die erste Klasse verging mit dem Lernen von großen und kleinen Buchstaben, mit Zahlen, Sport, Liedern und Bildern. An der Wand waren lange Leisten in bestimmtem Abstand angebracht. In der Größe dieses Abstands gab es gelbe Täfelchen, auf denen jeweils ein Buchstabe des Alphabets in Groß- und Kleinschreibung aufgemalt war. Wenn wir wieder einen neuen Buchstaben gelernt hatten, wurde so ein Täfelchen zwischen die Leisten geschoben. So hatten wir immer alles Erreichte vor Augen.

In unseren Schreibheften reihten sich einfache Worte aneinander. War alles sauber und richtig geschrieben, prangte ein Bienchen oder ein Sternchen am Ende der Seite – als Belohnung eingestempelt von unserer Klassenleiterin.

Nach einem halben Jahr kam das erste Mal die Stunde der Wahrheit: Zeugnistag. Wir bekamen Zensuren in Deutsch, Mathe, Musik und Sport, außerdem hatten wir Zeichnen, Heimatkunde und Werken. Aber auch Betragen, Fleiß, Ordnung und Mitarbeit wurden bewertet – und zwar gleich auf der ersten Seite des Zeugnisses. Im zweiten Halbjahr waren wir zwar immer noch die Kleinsten in der Schule, aber nun kannten wir uns aus. Wie im Kindergarten gab es auch in der Schule verschiedene Dienste, die wöchentlich neu belegt wurden. Der Tafeldienst war für das Tafelabwischen nach jeder Stunde zuständig. Der Klassenbuchverantwortliche trug unsere Zensurensammlung bei sich, wenn wir zu einem anderen Fach den Raum wechselten. Jemand sammelte das Essengeld ein, gab

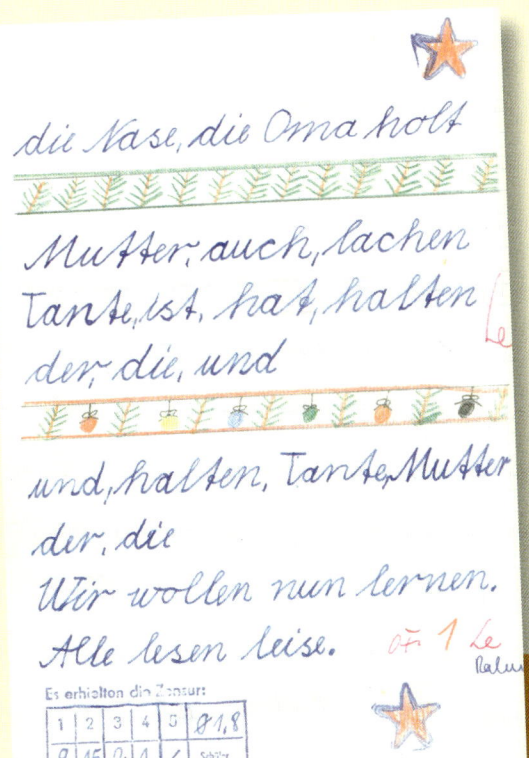

Neben dem Sternchen stand der Leistungsspiegel der ganzen Klasse.

es im Sekretariat ab und brachte uns dafür die Essenmarken. Zwei andere taten Gleiches mit dem Milchgeld und holten jeden Morgen unseren Kasten Gesundheit beim Hausmeister ab.

Überhaupt: die Schulmilch. Sie kostete je nach Geschmacksrichtung zwischen vier und sechs Mark pro Monat. Es gab sie als Normalversion, mit Frucht-, Vanille- oder Schokogeschmack. Viele Schulen bekamen sie in kleinen Flaschen mit Alu-Deckel. In anderen Schulen wurde sie in Schlauchbeuteln ausgeliefert, wie wir es auch von der Milch zu Hause kannten. Wir bissen eine Ecke ab und mussten dann den Viertelliter sofort austrinken – so eine Plastetüte konnte man ja nicht hinstellen. Sehr unpraktisch. Wieder andere bekamen die Schulmilch im modernen Tetraeder, einem pyramidenartigen, etwas stabileren Gebilde aus beschichteter Pappe.

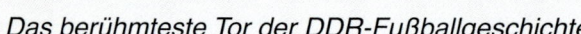

Das berühmteste Tor der DDR-Fußballgeschichte

Fußball-Weltmeisterschaft 1974 in der Bundesrepublik, Vorrunde. 22. Juni, Volksparkstadion in Hamburg. Auf den Rängen 62 000 Zuschauer, auf dem Rasen die beiden deutschen Nationalmannschaften. Darunter Legenden wie Kische, Kurbjuweit, Croy und Sparwasser auf der einen Seite, Beckenbauer, Breitner, Vogts und Maier auf der anderen.

Es ist kein berauschendes Spiel – mit einem Unentschieden würden beide Mannschaften eine Runde weiterkommen.

Aber nach gut zwei Dritteln der zweiten Halbzeit, genau in der 77. Minute, passiert es: Jürgen Sparwasser, der Spieler mit der Rückennummer 14, umkurvt Franz Beckenbauer und Berti Vogts, trifft – an Torwart Sepp Maier vorbei – zum 1:0. Der damals 26 Jahre alte Stürmer vom FC Magdeburg erzielt im einzigen deutsch-deutschen Fußball-Duell der Geschichte das einzige Tor.

Mit dem Schlusspfiff eine Viertelstunde später ist die Sensation perfekt.

Die DDR beendet das Turnier als Sechster, die BRD wird Weltmeister.

Der Moment des Siegtors.

Streben nach Gold, Silber und Bronze

Im Laufe der ersten drei Schuljahre schmückten wir uns schon mit Orden. Da war zum Beispiel das Verkehrsabzeichen. Wer sich gut auskannte mit den Regeln im Straßenverkehr, bekam die „Verkehrs-Eins" in Bronze. Wer noch besser Bescheid wusste, lief mit silbernem Anstecker umher. Und wer praktisch alles wusste und sich auf der Straße immer richtig verhielt, trug die „Goldene Eins".

Ähnlich lief es im obligatorischen Schwimmunterricht, der zwischen der zweiten und der vierten Klasse auf dem Lehrplan stand. Für die erste Stufe mussten wir 25 Meter Brust und noch einmal so weit in einem anderen Stil schwimmen. Ersatzweise 100 Meter in einer anderen Schwimmart. Und der Kopfsprung (laut Reglement „vorwärts ins tiefe Wasser") war Pflicht. Für Stufe zwei waren es schon 100 Meter für alle und 50 dazu auf dem Rücken, Stufe drei erforderte zwei Mal 100 Meter, und das in höchstens dreieinhalb Minuten.

Die besten Sportler unter uns wurden zu Stadt- oder Kreissportfesten delegiert. Dort kämpften sie in den Farben unserer Schule um Medaillen und Urkunden. Die Mannschaften identifizierten sich nicht nur über Startnummern, sondern auch über die Trikotfarben. Es gab blau-gelbe, weinrote, schwarz-weiße Sportkleidung oder andere Kombinationen – Identität stiftend. Sie war auch im Sportunterricht vorgeschrieben.

Nach den Wettkämpfen wurden in der Schule Namen und Platzierungen öffentlich ausgehängt – viel Ehre für uns junge Sportler und Ansporn zu weiteren Rekorden.

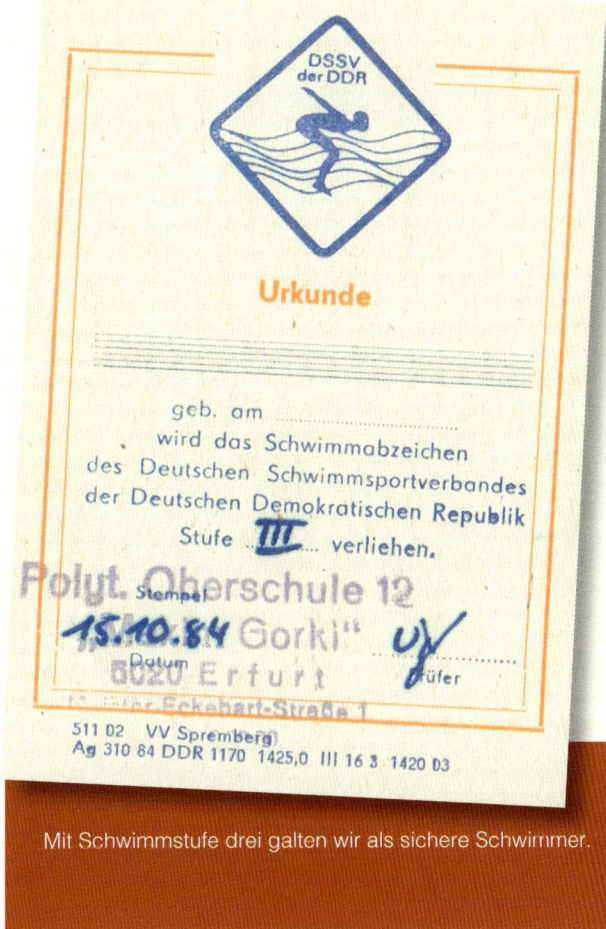

Mit Schwimmstufe drei galten wir als sichere Schwimmer.

Geld verdienen fürs Vergnügen

Freizeitbeschäftigungen jeglicher Art waren nicht teuer. Die meisten von uns waren Mitglied in der Kinderbibliothek, zum Beispiel im Pionierhaus der Stadt. Das kostete gar nichts und gab uns die Chance, unendlich viele Abenteuer zu erleben – wenn auch nur im Kopf.

Ins Kino kamen wir für 50 Pfennig; dauerte der Film länger als zwei Stunden, kam noch ein kleiner Aufschlag dazu. Eine Kugel Eis kostete 10 Pfennig, wenn sie nach Vanille schmeckte, mit Schokogeschmack 15 Pfennig.

Die meisten von uns bekamen Taschengeld. Großeltern wurden manchmal zur Geldquelle, indem sie uns eine kleine Mark zusteckten. Aber wir konnten auch selbst etwas verdienen: durch Altstoffsammlungen. Flaschen, Papier, Gläser – nicht nur aus dem Haushalt unserer Eltern. In Grüppchen zogen wir durch die Häuser, klingelten bei den Leuten und fragten nach Altstoffen. Viele waren froh, wenn sie das Zeug vom Hals hatten und gaben es uns gern mit. Wir verstauten es in Taschen und Beuteln oder gar auf kleinen Handwagen und klapperten damit zur Sekundärrohstoff-Annahmestelle (SERO). Dort war

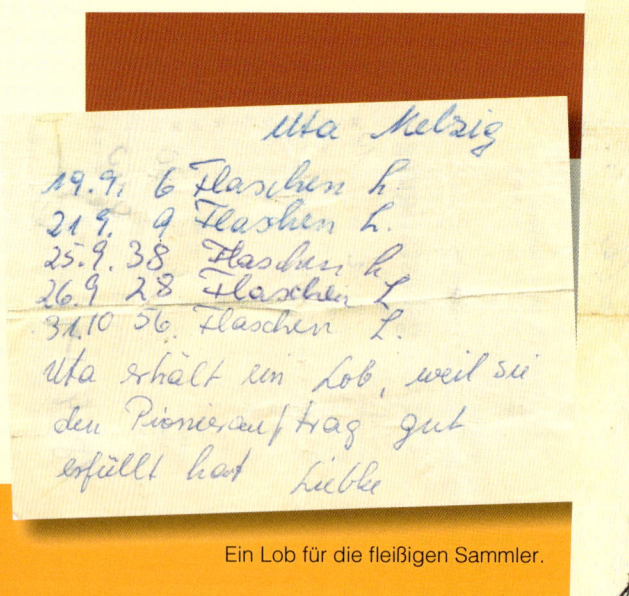

Ein Lob für die fleißigen Sammler.

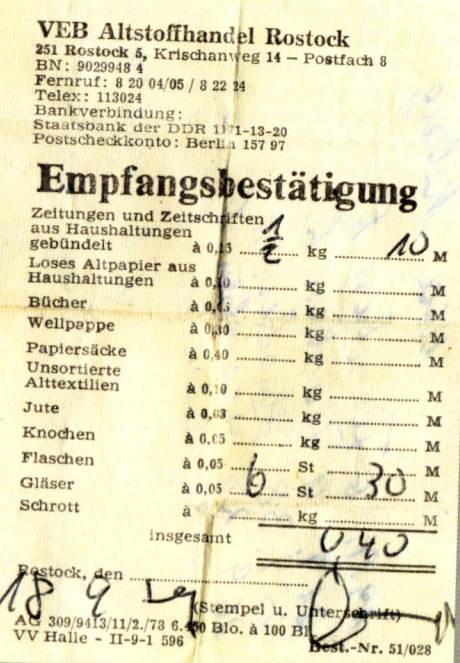

Der brave Schüler

Ottokar

Rückseite beachten!

Das war ich nich

es irgendwie immer kalt und schmutzig. Wir stellten die Gläser und Flaschen auf ein Förderband, der SERO-Mann zählte sie und vermerkte die Ausbeute auf einer Quittung: Für grüne Flaschen gab es fünf Pfennig pro Stück, für weißes Glas sogar 20 Pfennig. Die Altpapierstapel landeten auf einer großen Waage – ein Kilo schlug mit 20 oder 30 Pfennig zu Buche, je nachdem, wie viele Zeitschriften zwischen den Zeitungen waren.

Am Ende zogen wir reich und glücklich ab. Mit der kleinen grauen Altstoff-Quittung konnten wir sogar in der Schule renommieren, wenn sie denn hoch genug ausgefallen war. Die Klassen standen untereinander im Wettbewerb, welche die meisten Altstoffe gesammelt hatte. Denn diese Aktionen dienten offiziell nur in zweiter Linie unserem privaten Geldbeutel. Eigentlich ging es ja darum, den Rohstoffkreislauf der DDR-Wirtschaft nicht zusammenbrechen zu lassen.

Geld brauchten wir aber nicht nur für außerschulisches Vergnügen – auch die Klassenkasse wollte gefüllt werden. Ein beliebter Weg zur Gewinn-Erwirtschaftung waren die Kuchenbasare. Zu feierlichen Anlässen wie der Weihnachtsfeier, dem Republik- oder Pioniergeburtstag oder dem Frauentag fabrizierten unsere Mütter verschiedenste Gebäcksorten, die wir dann zu Minimalpreisen in der Schule verkauften. Das Geld konnte gut für Wandertage und die alljährliche Klassenfahrt angelegt werden.

Jahre zwischen Kindheit und Rebellion

Olympiakader mit rotem Halstuch

Ab Klasse vier waren wir nicht mehr ganz klein. Das merkten wir unter anderem daran, dass wir Thälmannpioniere wurden. Heißt: Rotes Halstuch und mehr Pflichten, niedergelegt in den „Gesetzen der Thälmannpioniere". Es blieb natürlich bei der Liebe zu Eltern, Vaterland und Frieden, dazu kam jetzt noch die zur Arbeit und zur Wahrheit. Außerdem sollten wir gesund leben – Zitat: „Wir rauchen nicht und trinken keinen Alkohol." Wie gesagt, ab Klasse vier.

Wir wählten einen Gruppenrat. Vorsitzende war meist ein Mädchen, denn für so einen wichtigen Posten kamen natürlich nur Bestleistungs-Schüler in Frage, und das waren nun mal meist Mädchen. Die Chefin hatte einen Stellvertreter, dazu gab es einen Kassierer (der die Mitgliedsbeiträge einsammelte und uns

Chronik

30. Juni 1978
Der DDR-Regimekritiker Rudolf Bahro (1935–1997) wird zu acht Jahren Haft wegen Landesverrats verurteilt. Anlässlich des 30. Jahrestages der DDR 1979 wird er ausgebürgert und lebt danach in der Bundesrepublik.

16. Oktober 1978
Zum ersten Mal seit über 450 Jahren wird ein Nicht-Italiener zum Papst gewählt. Es ist der polnische Kardinal Karol Wojtyla, Erzbischof von Krakau. Als Johannes Paul II. wird er die katholische Kirche bis zu seinem Tod im Jahre 2005 führen.

16. September 1979
Zwei Familien aus Thüringen flüchten in einem selbst genähten Heißluftballon aus der DDR. Sie landen nach halbstündiger nächtlicher Fahrt unverletzt in Bayern.

5./6. Dezember 1979
Die Außenminister der Warschauer-Pakt-Staaten unterstützen das Abrüstungsabkommen SALT II. Es wurde zwischen der UdSSR und den USA geschlossen und regelt die Begrenzung der nuklearen Aufrüstung.

1. Januar 1980
Für zwei Jahre wird die DDR Mitglied im UNO-Sicherheitsrat.

19. Juli – 3. August 1980
In Moskau findet die Sommerolympiade statt – 30 Staaten boykottieren die Wettkämpfe, um gegen den Einmarsch sowjetischer Truppen nach Afghanistan im Dezember 1979 zu protestieren.

13. Oktober 1980
Erich Honecker fordert erneut die Anerkennung der DDR-Staatsbürgerschaft, nur dann könnten sich die deutsch-deutschen Beziehungen normalisieren.

13. Mai 1981
Papst Johannes Paul II. wird in Rom von einem türkischen Attentäter angegriffen und schwer verletzt.

1. Oktober 1981
Der Kanzleramtsspion Günter Guillaume wird im Zuge eines Agentenaustauschs in die DDR entlassen.

die entsprechenden Marken zum Einkleben in den Pionierausweis aushändigte) und einen Wandzeitungsredakteur, auch Agitator genannt. Wie der Name schon sagt, war der dafür zuständig, die Wandzeitung auf dem neuesten Stand zu halten. Außerdem musste er unser Gruppenbuch führen, in dem alle Klassenaktivitäten wie Ausflüge, Feste und andere Höhepunkte samt Zeichnungen und Fotos für die Nachwelt festgehalten wurden. War er clever, delegierte er diese Aufgaben an uns. So wurde das Gruppenbuch bunter und lebendiger.

Besondere Leistungen wurden vor der Schulöffentlichkeit gewürdigt – regelmäßig gab es Fahnenappelle. Sämtliche Schüler traten klassenweise auf dem Schulhof an, militärisch gerade ausgerichtet und angetan mit Pionierkleidung oder FDJ-Hemd. Vorn unter der DDR-Fahne standen unter anderem der Direktor, der Freundschaftspionierleiter und der FDJ-Schulsekretär. Wer besonders gut gelernt oder in Sportwettkämpfen Siege errungen hatte, wurde namentlich aufgerufen, nach vorn gebeten und belobigt. Aber auch negative Höhepunkte wurden so in aller Öffentlichkeit genannt. Für die meisten von uns wäre es der Gipfel der Peinlichkeit gewesen, einmal dort vorn stehen und sich einen Verweis abholen zu müssen. Die Sündenböcke selbst schien das jedoch in vielen Fällen nicht so sehr zu stören.

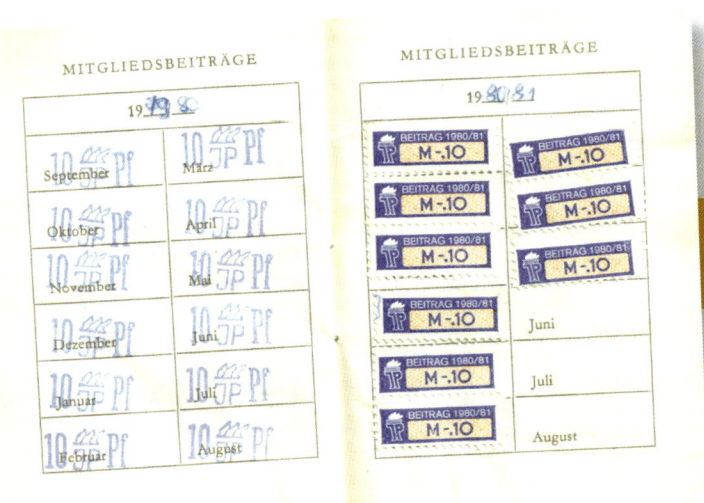

Einer der politischen Höhepunkte war die alljährliche Demonstration am „Kampf- und Feiertag der Arbeiterklasse", dem 1. Mai. Er war schul- und arbeitsfrei, aber wir gingen trotzdem zur Schule. Dort sammelten sich alle Schüler und Lehrer, um als Marschblock gemeinsam durch die Stadt zu ziehen. Pro Block gab es mehrere Transparente mit der erneuten Bekräftigung unserer Treue zum Staat und der Beteuerung, alles uns Mögliche für dessen Wohlergehen zu tun.

Das Ganze war eine mehrstündige Veranstaltung, denn aus allen Richtungen kamen Marschblöcke: von Betrieben, Schulen oder Sportvereinen. So ging es nach dem Rhythmus „Zehn Schritte gehen – Viertelstunde stehen" dem Höhepunkt entgegen – dem Vorüberziehen an der Ehrentribüne. Oben standen die politischen Führungskräfte von Stadt, Kreis und/oder Bezirk, winkten hoheitsvoll der Masse zu und versuchten auszusehen wie der Staatsratsvorsitzende Erich Honecker, der zeitgleich dieselbe Geste in Berlin, Hauptstadt der DDR, vollführte – allerdings in Gesellschaft anderer führender Politiker des Landes und vor allem des Auslandes.

Wir gingen unten vorbei, winkten zurück – gerne mit DDR-Papier-Fähnchen oder anderen „Wink-Elementen" und freuten uns auf das Ende des offiziellen Teils.

Der Rest des Tages hatte Volksfestcharakter. Schließlich hieß es nicht nur Kampf-, sondern vor allem Feiertag. Dieser bescherte den Rettungskräften mit schöner Regelmäßigkeit zahlreiche Angehörige der Arbeiterklasse als Schnapsleichen und Opfer von kleineren Auseinandersetzungen. Am nächsten Tag war wieder Normalität angesagt.

Der erste Deutsche im All kam aus der DDR

Der Luftwaffenoffizier Sigmund Jähn wurde zum Helden der Nation: Am 26. August 1978 verließ er als erster Deutscher die Erde und schaute sich den Planeten von außen an. Der 41-jährige Pilot flog zusammen mit Waleri Bykowski in der „Sojus 31" 125-mal um die Erde. Der Flug dauerte knapp acht Tage. Das Raumschiff dockte an der Orbitalstation „Salut 6" an, die zu diesem Zeitpunkt bereits fast ein Jahr im All war. Auf dem Forschungsprogramm standen medizinische und andere naturwissenschaftliche Experimente. Unter anderem untersuchten die Kosmonauten Auswirkungen der Schwerelosigkeit und verschiedene Sinnesfunktionen der Stammbesatzung der „Salut 6".

„Unser Fliegerkosmonaut" erhielt später den Titel „Held der DDR". Bald wurden Schulen oder Freizeiteinrichtungen nach ihm benannt.

Geboren wurde Sigmund Jähn in Morgenröthe-Rautenkranz im Vogtland. Er war gelernter Buchdrucker, blieb aber nach seinem Militärdienst bei den Luftstreitkräften der Volksarmee.

Er brachte unser Staatswappen ins All.

Er studierte an einer sowjetischen Militärakademie und wurde seit 1976 für den Flug ins All ausgebildet und vorbereitet.

Fremde Sprache – neue Freunde

Ab der fünften Klasse stand eine Reihe neuer Fächer auf unserem Stundenplan. Zeichnen hieß jetzt Kunsterziehung. In Geschichte fingen wir mit den Urmenschen an. Unsere nächsten naturwissenschaftlichen Schritte gingen in Richtung Geographie und Biologie.

In Mathematik benutzten wir den Rechenschieber „Mono Rietz", eine Art mechanischen Taschenrechner. Er bestand aus drei Plastestäben mit aufgedruckten Skalen, die man gegeneinander verschieben konnte. Dazu ein bewegliches Fenster – so konnten wir auch komplizierte Aufgaben lösen.

Und wir hatten Russisch, mehrere Stunden pro Woche. Das bedeutete, zuerst lernten wir wieder neu schreiben – das kyrillische Alphabet. Irgendwann gelang es uns, vollständige, wenn auch kurze Sätze zu sagen. Im Laufe der Zeit kamen die meisten von uns mit der Sprache der Freunde einigermaßen klar. Denn: Laut Pioniergesetzen waren die Leninpioniere in der Sowjetunion „unsere besten Freunde, mit denen wir eng zusammenarbeiten".

Einige von uns setzten diese Maxime in die Tat um und nutzten die neu erworbenen Sprachkenntnisse für Briefkontakte nach Osten. Wir hatten einen oder auch mehrere Briefpartner in der Sowjetunion und warteten gespannt auf die Post von weit her. Wir erzählten uns gegenseitig von unserem Alltag und schickten kleine Präsente hin und her. Das Buch „Briefe an Freunde" war extra für solche Aktivitäten gemacht und half uns, die richtigen Formulierungen zu finden. Besonders aktive Schreiber/innen dehnten ihre Korrespondenz auch mal bis hinter den Ural oder in die Mongolei aus.

Ein paar von den befreundeten Leninpionieren bekamen wir leibhaftig zu Gesicht: Kinder der bei uns stationierten Offiziere der Roten Armee nahmen regelmäßig an der schulinternen Russischolympiade teil. Sie waren unsere Gesprächspartner bei den Dialogübungen, wir aßen zusammen Kekse und verstanden uns sprachlich gesehen ganz gut. Manchmal keimte wirklich so etwas wie Freundschaft auf, wir verabredeten uns zum Eisessen. Wir verloren langsam die Scheu, uns in der fremden Sprache auszudrücken. Das sah nach weiteren Treffen aus. Doch plötzlich brach die Verbindung ab. „Die sowjetischen Kinder dürfen keinen Kontakt zu euch haben", sagten unsere Eltern. Erklären konnten sie diese Politik nicht, und so blieb uns immer ein Rätsel, warum wir uns nicht mit „unseren besten Freunden" treffen durften.

Die mongolischen Briefumschläge ähnelten den sowjetischen stark.

Weißer Ausnahmezustand

Es war keine weiße Weihnacht gewesen in diesem Jahr 1978. Die Temperaturen lagen bei fast 10 Grad, auch noch am 28. Dezember. Am Nachmittag sackte die Temperatur innerhalb weniger Stunden um 30° C ab, auf –20°. Sturm kam auf und trieb eisige Schneemassen vor sich her. In der Nacht zum 29. fiel ein halber Meter Neuschnee in den Nordbezirken der DDR.

Die Insel Rügen war schnell von der Außenwelt abgeschnitten. Der Rügendamm als einzige feste Verbindung zum Land war gesperrt, der Schiffsverkehr eingestellt. Auf der Insel selbst machten meterhohe Schneeverwehungen jede Fortbewegung unmöglich. 12 000 Menschen waren ohne Strom, ohne Nachschub an Lebensmitteln und ohne ärztliche Versorgung. In den nächsten Tagen kamen auf Rügen 13 Kinder zur Welt – zu Hause.

Auch auf dem Festland legte der Jahrhundertsturm das öffentliche Leben weitgehend lahm. Im Norden der DDR waren 40 Dörfer nicht mehr erreichbar.

Soldaten der NVA und der Sowjetarmee versuchten, den Eingeschlossenen zu helfen.

Am Neujahrstag 1979 sank die Temperatur noch weiter. Ganz Deutschland war jetzt betroffen. Die Schneeverwehungen waren bis zu sieben Meter hoch. Erst jetzt berichtete die „Aktuelle Kamera" von dem Unwetter. Staatschef Erich Honecker weilte seit vier Tagen zu einem Freundschaftsbesuch in Mosambik. Dann ging in der gesamten DDR das Licht aus – die Stromversorgung war zusammengebrochen. Sie wurde ausschließlich aus Braunkohle bestritten, doch nun standen alle Bagger still, bereits verladene Kohle war auf den Güterzügen betonhart gefroren. Das bedeutete auch: Alle fernbeheizten Wohnungen kühlten nach und nach aus.

Am 2. Januar 1979 beruhigte sich der Sturm langsam. Offiziell waren fünf Menschen durch die Katastrophe zu Tode gekommen. In Wahrheit waren es mehr – manche wurden erst im Mai gefunden, als der letzte Schnee getaut war.

Ferienspiele

Niemand kann immerzu arbeiten, auch wir nicht. Also gönnten wir uns in jedem Schuljahr längere und kürzere Pausen. Die längste Unterbrechung lag zwischen zwei Klassenstufen: zwei ganze Monate in jedem Sommer. Eine scheinbar unendliche Zeit.

Und dann vergingen die Wochen so schnell mit Ferienspielen, Familienurlaub, Ferienlager. Vielleicht noch ein, zwei Wochen zu Oma und Opa. Die Reihenfolge wechselte, die Bestandteile blieben.

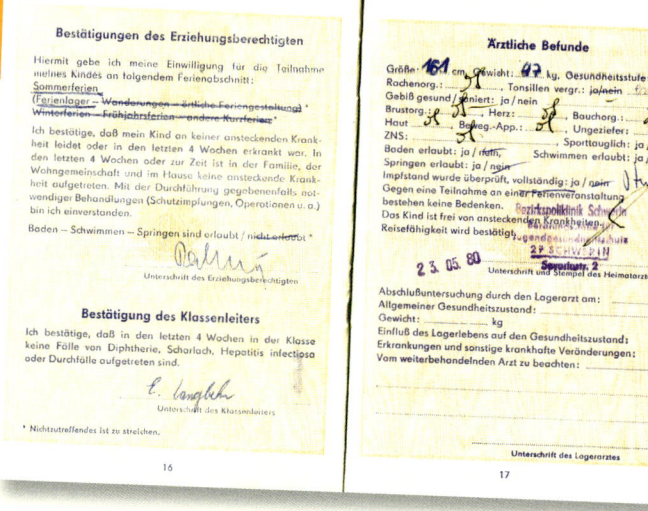

Ferienspiele – das hieß
für alle Zuhausebleiber:
in die Schule gehen.
Zwar blieb die Pausen-
klingel stumm, Lehrer
waren aber manchmal
doch da, als Betreu-
ungspersonen. Der
Hort, in dem wir sonst
nach dem Unterricht
blieben, bot jetzt
allerlei feriengerechte Unterhaltung an: Schwimmbadbesuche, Sportwettbe-
werbe, Bastelaktionen, Gruppenausflüge. Wir hatten ein Teilnehmerheft bei
uns, in dem unsere aktuellen Maße, gesundheitliche Besonderheiten und vor
allem die Badeerlaubnis verzeichnet waren.

Geliebter Ausnahmezustand

Dieses Heft war auch die Eintrittskarte ins Ferienlager. Die waren eine ganz
eigene Welt. Zwei Wochen lang weg von zu Hause, nur unter Kindern – für
sagenhafte 8 (in Worten: acht) Mark. Keine Schule, keine Eltern, kein Alltag.
Wer zwischen acht und 14 Jahren alt war, durfte mit.

Die meisten größeren Betriebe hatten eigene Ferienlager. Bungalowsiedlun-
gen oder Zeltlager, gern mitten im Wald und/oder an einem See gelegen. So
wurden mehrere Fliegen mit einer Klappe geschlagen: Wir Betriebskinder
waren in der Natur, dem Badewasser nahe. Und der Lautstärkepegel von 200
oder 500 Ferienrabauken störte nicht – mangels Nachbarn.

Hatten wir Glück, verfügten die Betriebe unserer beiden Elternteile über
solche Paradiese. Dann gab es in manchem Jahr sogar zwei Lagerleben. Wir
gehörten zu Gruppen von 15 bis 20 Kindern, eingeteilt nach Alter, getrennt
nach Jungen und Mädchen. Unsere Chefs waren junge Leute um die zwanzig,
die zwischen Verantwortungsbewusstsein und Vergnügungssucht schwankten.

Es war sicher nicht leicht, nach jugendgemäß durchfeierten Nächten den ganzen Tag auf eine Bande quirliger Mädchen oder wilder Jungs aufzupassen. Den meisten Betreuern konnten wir aber am Ende ein gutes Zeugnis ausstellen. Ihre härteste Maßnahme gegen Ungehorsam bestand in einer Runde Abendsport. Wenn wir nicht in den uns zugedachten Betten liegen bleiben, dabei schweigen oder gar schlafen wollten, konnte der Tag durchaus mit einem kleinen Waldlauf zur Ermüdung enden.

Allseits bekannt war DIE Überraschung eines jeden Durchgangs, die die meisten von uns schon gespannt erwarteten: Irgendwann jaulten spätabends die Sirenen – Feueralarm! Alle rannten aus den Zimmern und sammelten sich auf dem Lagerplatz. Höchstens die Kleinen rieben sich die Augen, weil sie schon (fast) geschlafen hatten. Die anderen fieberten hellwach dieser Nacht entgegen. Denn nach diesem Probealarm hieß es regelmäßig, da nun sowieso schon alle wach wären, könnten wir doch auch gleich eine kleine Nachtwanderung anschließen ... Jubel! Nur wenige Angsthasen wären am liebsten zurück in ihre Betten geflüchtet, statt mit Taschenlampen bewaffnet durch den stockdunklen Wald zu tapsen, über Wurzeln zu stolpern, sich aneinander festzuklammern und vor plötzlich aus dem Gebüsch springenden Gespenstern (tagsüber Betreuer) aufzukreischen. In diesen Nächten dauerte es lange, ehe endgültig Ruhe einkehrte.

Tagsüber waren wir am – oder bei gutem Wetter – im Wasser zu finden. Gelegentlich gab es Fußballturniere gegen das Ferienlager auf der anderen Seite des Sees. Selbstverständlich waren das alles „Feinde", die mit eindeutigen Sprechchören empfangen wurden. „Wir gewinnen sowieso" war eine der harmloseren Varianten, „Schiedsrichter – Telefon, deine Alte wartet schon" etwas frecher. Hier erlebten wir stimmungsmäßig schon mal im Kleinen, was uns später in den Stadien von Dynamo Dresden, Hansa Rostock, Union Berlin und Carl Zeiss Jena begeisterte.

Weitere Höhepunkte des Lagerlebens waren die beliebten Diskos. Da bahnte sich die eine oder andere Ferienliebe an – die selbstverständlich für den Rest des Lebens halten würde.

Jungen und Mädchen im Ferienlager.

Ostsee und Erzgebirge für alle

Kaum aus dem Ferienlager zurück, reichte die Zeit gerade, um die Sachen zu waschen und wieder einzupacken: Der erste Tag des Familienurlaubs war da. In den schönsten Gegenden der Republik standen mehr oder weniger große Hotels, die dem FGDB gehörten. Besonders begehrt waren die Plätze an der Ostseeküste. Aber auch Thüringer Wald und Erzgebirge hatten ihre Fans. Ausgebucht war sowieso immer alles. Die Urlauber mussten nur etwa ein Viertel der tatsächlichen Kosten tragen – der Rest wurde vom Staat bezahlt.

Der Kampf um die Plätze war schon Monate vorher entschieden. Unsere Eltern mussten frühzeitig ihren Urlaub einreichen und nach erfolgter Absegnung durch den Betrieb schnell einen Ferienplatz beantragen. Ob sie „dran" waren, einen zu bekommen, blieb dennoch ein Glücksspiel. Manchmal kamen bis zu 30 Bewerber auf einen Platz. Im Februar entschied die Ferienkommission des Betriebes, wer wohin reisen durfte. Einen Ferienplatz an der Ostsee zu bekommen, war vielleicht alle sechs Jahre mal realistisch.

Ging alles gut, reisten wir zu dritt, viert oder fünft an. Meist sehr preiswert mit dem Zug, manchmal auch mit dem eigenen Auto, das bis obenhin bepackt war. Im FDGB-Heim war die Sommerzeit in Durchgänge aufgeteilt. Wir schliefen unter Umständen in Vierbettzimmern, aßen entweder in der ersten, zweiten oder dritten Schicht. Das konnte bedeuten: Frühstück im Urlaub noch vor dem Aufstehen. Viel Trubel, wenig Ruhe. Uns Kinder störte das wenig, Langeweile war absolut ausgeschlossen. Ob unsere Eltern genauso begeistert waren, steht auf einem anderen Blatt ...

In den landschaftlich reizvollen Gegenden räumten die Einheimischen noch den letzten Stall aus und stellten Betten für Urlauber hinein. Die konnten sie für sieben Mark die Nacht an den FDGB vermieten und so ihre Privatschatulle füllen. Die Gäste spazierten dann für jede Mahlzeit zum Haupthaus des Hotels, erlebten den Urlauberandrang direkt. Möglicherweise waren sie danach doch froh, wieder ins – wenn auch sehr provisorische – Privatquartier zurückzukehren.

Im Trabbi blieb nicht viel Platz, wenn's in den Urlaub ging.

44

Manche waren privilegiert, sie fuhren im Urlaub ins Ausland. Ausland hieß: Tschechoslowakei oder Ungarn, Prag oder Plattensee. Eventuell noch Bulgarien, in seltenen Fällen Rumänien. Große Kombinate hatten in den sozialistischen Bruderländern Partnerbetriebe, die Unterkünfte zur Verfügung stellten. Im Gegenzug kamen deren Mitarbeiter im Urlaub zu uns.

Vorher mussten unsere Eltern zur Staatsbank der DDR, um ihr Geldproblem für den Urlaub klarzumachen: Sie durften nur eine festgelegte Summe DDR-Mark in die jeweilige Landeswährung umtauschen, abhängig davon, wie lange wir bleiben wollten. Warum wir nicht möglichst viel eigenes Geld in den doch politisch so befreundeten Ländern ausgeben durften, blieb ein Rätsel. Was auch immer der Grund war – genützt hat die Einschränkung nicht viel, denn schon damals gab es Möglichkeiten, Geld „schwarz" umzutauschen.

In jedem Fall war nach zwei Wochen die lang ersehnte Zeit vorbei – den Großen drohte wieder der Alltag. Und uns blieb auch nicht mehr viel Zeit bis zum neuen Schuljahr.

Auch wenn Urlauber da waren, wurde das Objekt nicht schöner.

Privatleben im Umbruch

In den folgenden Jahren ging die Zeit des Friedens zu Hause vorläufig zu Ende. Wir nahmen immer öfter das Recht in Anspruch, selbst über unsere Zeit und unseren Lebenswandel zu entscheiden. Das fing mit den Zeitpunkten für Hausaufgaben oder Nachtruhe an und endete mit der Gestaltung der Wochenenden. Schrebergarten oder Waldspaziergang standen nicht mehr so hoch im Kurs. Unsere Eltern wollten nicht einsehen, dass ihre Wege nicht mehr zwingend unsere Wege waren. Dass sie ihr Verantwortungsgefühl nicht mit dem Beginn unserer Pubertät ausschalten konnten und wollten – das war nicht unser Thema. Es gab stundenlange Diskussionen, aus denen wir nicht immer als Sieger hervorgingen.

Wenn es zum Beispiel darum ging, wie lange wir abends unterwegs sein durften, arteten die Absprachen manchmal eher in Revolutionen aus. Kamen wir zu spät, gab es manchmal Sanktionen wie Fernseh- oder Ausgehverbot,

11. bis 14. Lebensjahr

Taschengeldentzug oder Schlimmeres. Genützt hat es im Endeffekt wenig – unser Wille und der Lauf der Entwicklung spielten für uns. Dann verschwanden wir wieder mit Freunden zu Fahrradtouren, erhöhten den Umsatz von Eisbars oder erkundeten die Nachbarstadt hinsichtlich Einkaufsmöglichkeiten und Jugendleben. Die Jungen bolzten auf dem Fußballplatz. Mädchen telefonierten zwei Stunden mit der besten Freundin (wenn denn beide Familien den Luxus eines Fernsprechanschlusses hatten), um sich am Ende zu verabreden – jetzt gleich. Wir trafen uns auf dem Schulhof, an der Bushaltestelle oder auf Spielplätzen, saßen herum, quatschten, ließen die Zeit vergehen. Abends mussten die meisten von uns spätestens um neun zu Hause sein.

Wenigstens ließ sich diese Regelung mit den Diskos vereinbaren, die in den Jugendclubs für unsere Altersklasse stattfanden. Sie begannen um sechs, zwei oder drei Stunden später war Schluss, zumindest für uns. Immerhin eine Chance, zu sehen und gesehen zu werden. Manche Mädchen warteten jede Woche sehnsüchtig auf den Disko-Tag. Dann wurde Lidschatten aufgelegt, und los ging's in die Welt der „Großen". Das Zauberwort hieß P 14: Zutritt hatten wir erst ab dem magischen Alter, das uns – unserer Meinung nach – von den Kindern trennte.

Beim PA-Unterricht im Betrieb war Arbeitskleidung Vorschrift.

Erhöhter Schwierigkeitsgrad in der Schule

Jedes Schuljahr brachte neue Fächer. War es in der 6. Klasse erst mal nur Physik gewesen, hieß es ab der 7. endgültig Kopf benutzen. Chemie stand nun auf dem Lehrplan, was für viele von uns den Stress erheblich erhöhte, denn diese Wissenschaft schien noch undurchschaubarer als Physik. Dazu eine zweite Fremdsprache, meist Englisch, in einigen Schulen gab es auch Französisch-Lehrer. Außerdem „Stabü", Staatsbürgerkunde, absoluter Spitzenreiter in der Kategorie Langeweile. Hier wurden uns die Vorteile unserer Gesellschaft und die Nachteile des Kapitalismus geballt vor Augen geführt. Der Unterricht strotzte vor komplizierten, uns unverständlichen Verschachtelungen wie „Entfaltung breiter Initiative und Verantwortung der örtlichen Organe der Staatsmacht, der Kombinate und Betriebe, der Arbeitskollektive und jedes Einzelnen bei der Ausarbeitung und Verwirklichung zentraler staatlicher Entscheidungen".

Nun wurden wir auch so ganz langsam an die Arbeitswelt herangeführt. Im Unterricht zeigte sich das an dem neuen Fach UTP, das aus ESP/TZ und PA bestand. Also: der „Unterrichtstag in der Produktion" enthielt „Einführung in die sozialistische Produktion" im Verein mit „Technischem Zeichnen", außerdem „Produktive Arbeit". In ESP vermittelten sie uns die theoretischen Grundlagen der sozialistischen Betriebswirtschaft. TZ hatte teilweise Bezug zum späteren Leben, denn manche von uns würden einen Beruf lernen, in dem das Durchschauen technischer Zeichnungen von Nutzen sein würde.

Und PA war am Anfang besserer Werkunterricht, in dem wir zum Beispiel metallene Kleinteile sägten, bohrten, feilten. Später unterstützten wir dann die sozialistische Produktion in ortsansässigen Betrieben, machten uns die Finger schmutzig und fühlten uns entweder genervt oder geehrt von der vorübergehenden Mitgliedschaft in der Arbeiterklasse.

Demonstrierende Arbeiter mit Protestplakaten und Spruchbändern, auf denen auch für die unabhängige Gewerkschaft Solidarność demonstriert wird.

Solidarność

Auf der Leninwerft im polnischen Gdansk traten am 14. August 1980 die rund 17 000 Arbeiter in den Streik. Es entstand die Gewerkschaft „Solidarność" – sie forderte u. a. das Recht der freien Meinungsäußerung, die Möglichkeit, unabhängige Gewerkschaften zu gründen, und auch zu streiken, außerdem die Änderung der Preisgestaltung für Lebensmittel und die Koppelung der Einkommen an die Inflation. Nach zwei Wochen machte die polnische Regierung diese Zugeständnisse. Am 13. Dezember 1981 wurde die Gewerkschaft Solidarność im Zuge der Kriegsrechtsverhängung verboten. Sie
agierte im Untergrund weiter, bis sie 1989 wieder staatlich anerkannt wurde. Lech Wałęsa, späterer Staatspräsident Polens, war seit der offiziellen Gründung Vorsitzender von Solidarność.

Letzte Schritte in die Welt der Großen

Diskussion mit reger Beteiligung.

FDJ: ja,
Demokratie: na ja

In diesem Jahr 1982 wurden
wir 14 – ein magisches Alter. Ziemlich bald nach dem Geburtstag hatten wir
einen wichtigen Termin: die Übergabe unseres Personalausweises. Das kleine
blaue Büchlein erschien uns als Türöffner fürs ganze Leben, zunächst aber für
Diskos und andere Veranstaltungen, bei denen Kinder nicht zugelassen waren.

Nun waren wir auch keine Pioniere mehr. Wir traten nahtlos aus der einen
Organisation aus und in die nächste ein: Wir wurden FDJler. Nun trugen wir zu
Anlässen ein blaues Hemd mit dem FDJ-Emblem auf dem linken Ärmel und
riefen als offiziellen Gruß nicht mehr „Immer bereit!", sondern brummten sehr
cool „Freundschaft!".

Chronik

25. März 1982
Das neue Wehrpflichtgesetz der DDR wird verabschiedet. Darin wird u. a. die vormilitärische Ausbildung von Jugendlichen geregelt. Außerdem dürfen im Verteidigungsfall auch Frauen zum Wehrdienst herangezogen werden.

10. November 1982
Nach 18-jähriger Amtszeit stirbt der sowjetische Staats- und Parteichef Leonid I. Breschnew. Er wird 76 Jahre alt.

5. Oktober 1983
Erich Honecker gibt gegenüber österreichischen Journalisten erstmals die Existenz von Selbstschussanlagen zu. Diese werden jedoch bis Ende 1984 abgebaut.

25. Oktober 1983
Im Palast der Republik in Berlin gibt Udo Lindenberg ein 20-Minuten-Konzert. Er singt den „Sonderzug nach Pankow", in dem er Erich Honecker direkt anspricht.

13. Januar 1984
Beim Festival „Rock für den Frieden" sollte die Kölner Gruppe BAP auftreten. Deren Konzert wird kurzfristig abgesagt, weil sie sich gegen Zensurmaßnahmen gewehrt hatte.

7.–18. Februar 1984
Bei der Winterolympiade in Sarajevo ist die Mannschaft der DDR die erfolgreichste.

8. Mai 1984
Udo Lindenbergs DDR-Tournee wird abgesagt. Er wollte sein Programm nicht nach den Vorstellungen der FDJ-Funktionäre ausrichten.

11. März 1985
Nach dem Tod von Konstantin Tschernenko wird Michail Gorbatschow zum neuen Generalsekretär der KPdSU gewählt.

25. Februar 1986
Auf dem XXVII. Parteitag der KPdSU kündigt Gorbatschow radikale Wirtschaftsreformen an. Es ist der Beginn von Glasnost (Offenheit) und Perestroika (Umgestaltung).

26. April 1986
Im Kernkraftwerk Tschernobyl in der Ukrainischen Sowjetrepublik explodiert ein Reaktor. Radioaktive Substanzen gelangen in weite Teile Europas. Wie viele Menschen bei der Nuklear-Katastrophe ums Leben kamen, ist bis heute umstritten.

Auch hier gab es demokratisch gewählte Gremien, innerhalb der Klasse zum Beispiel die FDJ-Gruppenleitung. Fünf aus der Klasse wurden mit den Aufgaben betraut, die es auch schon bei den Pionieren gegeben hatte. Die Wahl selbst war eine Sache von weniger als einer Stunde. Vorher wurde abgesprochen, wer welche Funktion übernehmen würde. Auch der Ablauf stand fest: Rechenschaftsbericht der alten FDJ-Gruppenleitung, Entlastung, Vorschläge neuer Kandidaten (die meist die alten waren), Wahl. Zwischendurch Gähnen. Dann war's erledigt.

Offiziell erwachsen

In diesem Frühling wurden wir „ins aktive gesellschaftliche Leben aufgenommen": durch die Jugendweihe. Ein ganz großer Anlass, der langwierige Vorbereitungen erforderte.

Doch vor der Feier kam die Pflicht. In der achten Klasse hatten wir zehn Mal zu den Jugendstunden zu erscheinen – Drücken war nicht erlaubt. Deren Inhalte sollten uns den Inhalt des Gelöbnisses, das wir während der Jugendweihe leisten würden, nahebringen.

Ganz obenan stand natürlich wieder die Politik: Revolutionäres Vermächtnis,

sozialistisches Vaterland, Freundschaft zur Sowjetunion – das waren die Stichworte der ersten Einheiten. Diese weitere Überdosis Politik war nicht wirklich dazu angetan, uns zu fesseln. Später ging es um den wissenschaftlich-technischen Fortschritt, Arbeit, Kultur und Kunst. Dazu sollten wir uns über unseren persönlichen Beitrag zur Weltveränderung Gedanken machen. Und ganz zum Schluss beschäftigte sich eine Jugendstunde mit menschlichen Beziehungen: Freundschaft, Familie, Klassenkollektiv. Immerhin.

Wesentlich wichtigere Fragen standen in den Wochen vor dem großen Tag privat an. Die meisten Mädchen hatten das erste Mal in ihrem Leben einen Friseurtermin, um sich eine Dauerwelle zuzulegen. Der neue Look ließ sie äußerlich schlagartig um Jahre altern, aber das wird ja mit 14 nicht eben als Nachteil empfunden.

Nächste zentrale Frage: Was ziehen wir an? Wer hatte, griff auf die Westverwandtschaft zurück und ließ sich was Tolles schicken. Wer nicht, fand in den einheimischen Bekleidungsgeschäften wie der „Jugendmode", im „Centrum"-Warenhaus oder gar im „Exquisit" etwas Angemessenes. Viele Mädchen suchten nach Kleidern oder Röcken, gerne auch bodenlang. Die Jungs sahen sich gezwungen, Schlips und Anzug anzuprobieren. Statt Jackett ging auch ein Blouson. Meist merkten wir erst am Tag X, dass mehrere andere in exakt den gleichen Klamotten zur Feier erschienen. So groß war die Auswahl dann doch nicht.

Jugendstunde in Vorbereitung der Jugendweihe.

Mit Lockenpracht zum großen Auftritt.

Der große Tag

An einem Sonntag im Frühling saßen wir dann festlich aufgereiht in Theater, Stadthalle oder Aula. Hinter uns die Eltern und Großeltern, Geschwister, Onkel, Tanten oder sonstige Familienmitglieder, die sich die Chance auf eine große Party nicht entgehen lassen wollten. Doch vor dem Fest kam der Festakt. Eine bedeutende Persönlichkeit der Schule oder der Stadt trat für die Ansprache ans Rednerpult und verlas am Ende das Gelöbnis. Wir versprachen, für die Sache des Sozialismus zu kämpfen, nach hoher Bildung und Kultur zu streben und würdige Mitglieder der sozialistischen Gemeinschaft zu werden. Daraufhin galten wir als „in die große Gemeinschaft des werktätigen Volkes aufgenommen". Nach mehreren musikalischen Einlagen kam unser großer Auftritt – der Moment, den manche so lange gewünscht, manche gefürchtet hatten: In kleinen Gruppen wurden wir namentlich auf die Bühne gerufen. Nun hieß es aufpassen, besonders für die Mädchen in ungewohnten Stöckelschuhen: Nicht stolpern auf dem Weg nach oben!

Wir bekamen die Jugendweiheurkunde überreicht und ein Buch: „Der Sozialismus – Deine Welt" – unlesbar, weil politisch-dogmatisch vollkommen überfrachtet. Einer von uns war auserwählt für die Dankesrede. Zum Schluss lauschten wir alle der Nationalhymne. Der Text wurde ja schon seit den siebziger Jahren nicht mehr gesungen – die Zeile „Deutschland einig Vaterland" passte nicht ins politische Konzept der späten DDR. So wussten manche von uns gar nicht, dass die Hymne überhaupt einen Text hatte.

Dann gingen wir zum inoffiziellen Teil des Tages über. Der hieß: Feierliches Essen im Restaurant mit der ganzen Sippschaft. Die Party wurde für unsere Eltern ein echter Kostenfaktor.

Für uns auch, nur in anderer Hinsicht. Die meisten bekamen viel bis sehr viel Geld geschenkt. Ansonsten reichte die Palette von gebrauchtem Kassettenrecorder bis zum kompletten Moped (das durfte man zwar erst ab 15 fahren,

Jugendweihe

aber bis dahin war's ja nicht mehr so lange). Es hatte schon etwas mit Status zu tun, welche Gaben man in der Woche nach der Jugendweihe aufzuzählen hatte.

Nach dem Essen wurde geschwatzt, vielleicht getanzt und – Alkohol getrunken. Manche von uns nutzten die Gelegenheit, um das erste Mal ein Bier- oder Schnapsglas anzusetzen. Manche taten es zu oft an diesem Abend und erlebten das Ende der Feier nicht mehr mit, weil sie schon tief schlafend im Bett oder mit dem Kopf auf der Festtafel lagen.

Zurück in der Schule waren wir gespannt, ob nun für uns als Erwachsene tatsächlich neue Zeiten anbrachen. Es hielt sich in Grenzen – außer, dass die Lehrer uns nun siezen muss-ten. Wir fanden das merkwür-dig, aber bedeutsam. Nur manch besonders beliebter Pauker durfte uns – auf Anfrage – weiterhin duzen und damit als das behandeln, was wir waren: nämlich 14-jährige Schüler.

Auch das Bühnenbild war dem Anlass angemessen.

Die Liebe kommt in unser Leben

Die Freizeit gehörte nun immer mehr unseren Freunden. Kaum noch jemand fuhr mit seinen Eltern in den Urlaub. Stattdessen schlugen wir erstmals unsere Zelte auf. Die Campingplätze waren beliebte Treffpunkte. Wir reisten mit Sack und Pack ab – notfalls auch gegen den Widerstand unserer nach wie vor Erziehungsberechtigten. Und kamen nach ein paar Tagen leicht angeschmud-delt, übernächtigt, von Mücken zerstochen, aber in erster Linie glücklich wieder nach Hause.

Und vielleicht sogar verliebt. Es war die Zeit der ersten Erfahrungen. Wir streckten die Hände aus, manche vorsichtig, manche forsch. Beziehungen hielten drei Tage oder drei Jahre, meist irgendwas dazwischen. Einige von uns fanden ziemlich bald die erste große Liebe. Die Zukunftsplanung ging manchmal bis zur Festlegung der Namen für die

Wir liebten die Provisorien eines Zeltplatzes.

gemeinsamen Kinder, mit denen es selbstverständlich noch einige Jahre Zeit hatte. Die Vorstellung, dass es mit dem Partner nicht immer so bleiben könnte, machte uns kopflos. Und wenn es tatsächlich zur Trennung kam, geriet die Welt vollends aus dem Gleichgewicht. Es dauerte lange, bis diese Wunden heilten. Zum Glück wussten wir nicht, dass das Leben uns noch einige solcher Wunden beibringen würde.

Wie das nun genau zusammenhing mit der Liebe und den Kindern, das stand am Ende der achten Klasse auf dem Lehrplan in Biologie. So wurden wir – nach vielen Halbwahrheiten und Gerüchten, die wir gehört und gelesen hatten – allgemeinwissenschaftlich aufgeklärt. Manchmal allerdings kam dieser letzte Abschnitt im Bio-Lehrbuch nicht mehr dran, weil das Schuljahr zu Ende war (oder weil die Lehrkraft keine Lust hatte, das Thema Sex vor einer Horde kichernder oder lästernder Jung-Erwachsener vorzutragen?).

Immerhin wussten wir Bescheid über die Gefahren, die mit dem neuen Betätigungsfeld zusammenhängen konnten. Wir hatten von der Sinnhaftigkeit und dem Gebrauch von Mondos gehört, vor allem, um ansteckende Krankheiten zu vermeiden. Den Namen auf den Kondomverpackungen hielten wir für den richtigen Fachbegriff. Und gegen unerwünschte Schwangerschaften gab es die Pille – für alle Mädchen unkompliziert zu bekommen nach einem Besuch beim Frauenarzt. Medizinisch gesehen waren wir auf der sicheren Seite. Nun mussten wir an all das auch nur noch denken, wenn der entscheidende Moment des ersten Mals da war. Einige von uns fingen denn auch zielstrebig an, einschlägige Erfahrungen zu sammeln. Bei anderen dauerte es noch Jahre, bis die neuen Kenntnisse gebraucht wurden.

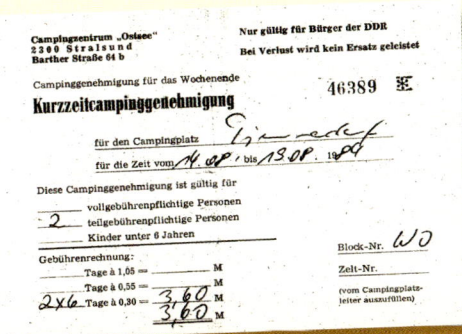

Statt des langen offiziellen Titels sagten wir schlicht Zeltschein.

Palituch und Poppermode

Unsere Kleiderordnung orientierte sich – neben dem persönlichen Geschmack – an der Mode aus dem Westen. Trug man jenseits der Mauer lange, olivgrüne Kutten ("NATO-Parka"), wollten manche von uns das auch. Die Deutschlandfahne auf dem linken Ärmel

Stolz auf die Poppertolle und -mode.

(natürlich ohne unser Hammer-und-Zirkel-im-Ährenkranz-Emblem) musste gar nicht sein. Durfte natürlich auch nicht sein, falls man so ein gutes Stück von drüben geschickt bekam. Aber mit einiger zeitlicher Verzögerung konnten wir solche Parkas auch bei uns kaufen – wenn auch in weniger perfekter Ausführung und quantitativ sehr eingeschränkt.

Zu hautengen Jeans trug die leicht alternativ angehauchte "Penner"-Fraktion lange Pullover bzw. blau-weiß gestreifte "Fleischerhemden" und um den Hals ein Palästinensertuch – freilich ohne eine Ahnung vom politischen Hintergrund. In der Drogerie gab es Färbetabletten, die sich hervorragend zum Umwidmen von Baumwollwindeln oder Judojacken eigneten. Daraus wurden in unseren kreativen Händen Halstücher und Frühlingsjacken – jede einzelne ein Unikat. An den Füßen hatten wir Tramper, diese flachen braunen Stiefeletten aus Wildleder, bzw. im Sommer Jesuslatschen, orthopädisch katastrophale Treter mit braunen Riemen.

Ganz anders die "Popper". Ihr Markenzeichen waren kurze Haare mit Seitenscheitel und einer Haartolle, die ein Auge bedeckte. Sie trugen Klamotten in Pastelltönen mit eingewebten Glitzerfäden. Der Normal-Jugendliche ohne Westkontakte musste sich mit Jeans der Marken Wisent, Boxer oder Goldfuchs zufrieden geben. Die fühlten sich so an wie sie aussahen: steif und unbequem. Die mit Westverwandtschaft Gesegneten wurden kurz vor jedem Geburtstag vermessen, um passende Hosen, Pullover oder Jacken bei den kapitalistischen Spendern zu bestellen.

Modisch aktuell: Stonewashedjeans und Leopardenpullover.

Das Schuhangebot orientierte sich ebenfalls wenig an unserem Modeempfinden. Legendär sind die so genannten Essengeldturnschuhe. Sie bestanden aus blauem Stoff und weißen Plastesohlen. Sie kosteten

(© DDR Museum, Berlin)

2,75 Mark – so viel wie das Schulessengeld pro Woche. Manchmal hatten wir Glück. Ging zum Beispiel das Gerücht, in einem bestimmten Laden in der Stadt gäbe es Knöchelturnschuhe aus Leder, rannte jemand aus der Familie hin und ließ ein oder zwei Paar zurücklegen. Wir gingen dann dort vorbei, probierten sie an und zogen stolz und glücklich von dannen. Selbst wenn sie die falsche Farbe hatten oder doch eine halbe Nummer zu klein waren – Leder weitet sich schließlich beim Tragen, dann passt das schon.

Ganz eindeutig keine Popper-Lady!

Pflichten an der Heimatfront

Am Ende der neunten Klasse warfen die nächsten großen Aufgaben ihre Schatten voraus: Die Heimat musste verteidigt werden, und weil das nicht so einfach war, begann unsere vormilitärische Laufbahn mit 15 Jahren.

Das Ganze hieß Zivilverteidigung, kurz und knackig ZV genannt. Die Jungen mussten zwei Wochen ins GST-Lager, um sich dort kaserniert die Grundlagen des Landesschutzes anzueignen. Das galt als Vorbereitung auf ihren „Ehrendienst in der NVA", wie das Soldatsein offiziell hieß. Mitglied in der Gesellschaft für Sport und Technik (GST) mussten sie für die Teilnahme am Lager nicht sein, auch wenn an den Schulen immer wieder dafür geworben wurde. Viele traten nur deshalb ein, weil man auf diese Art zügig und preiswert den Motorrad-Führerschein machen konnte.

Die Mädchen absolvierten das ZV-Lager – entweder außerhalb der Stadt oder auf dem eigenen Schulhof. Dort traten wir ebenfalls in militärisch-straffer Ausrichtung jeden Morgen an – gewandet in eine ultrahässliche grüne Uniform. Ein modischer Alptraum, in dem wir sehr unvorteilhaft aussahen. Die Ausbildung umfasste unter anderem Erste Hilfe und Katastrophenschutz. Aber auch Marschieren in der Gruppe stand auf dem Plan und natürlich die Benutzung des „Schnuffi", der Gasmaske. Im sportlichen Teil gab es zum Beispiel die Disziplin Handgranatenweitwurf – die metallenen Attrappen lagen gut in der

Hand. Wir gaben uns Mühe, denn wir ahnten, wenn wir im Ernstfall nicht weit genug werfen könnten, wäre unser Leben in Gefahr.

Bei der ZV gab es keine Ausreden – Teilnahme war Pflicht. Wer den Kurs nicht durchlaufen hatte, konnte Facharbeiterbrief oder Abiturzeugnis vergessen.

Beim ersten ZV-Appell noch ohne Uniform, dafür im Blauhemd.

Schluss mit Schule – Prüfungen und Abschiede

So ganz langsam neigte sich die Schulzeit dem Ende entgegen – zumindest die in der POS. Die Abschlussprüfungen sorgten natürlich für Stress, aber so schlimm konnte es eigentlich gar nicht werden, weil wir uns alle ja schon mit dem Zeugnis der 9. Klasse um Lehrstellen oder EOS-Plätze beworben hatten.

Vor dem Abschluss aber kam die Abschlussfahrt. Wir verreisten alle zusammen für ein paar Tage und ließen so richtig die Sau raus. Klassenlehrern und Betreuern fehlten streckenweise die Argumente, uns zu halbwegs vernünftigem Verhalten zu bewegen. Sie versuchten es immerhin mit dem Hinweis, es stünden ja noch die mündlichen Prüfungen an und die Zeugnisse wären schließlich noch nicht geschrieben. Genützt hat es wenig.

Hatte unser allererster Schultag vor zehn Jahren noch um halb acht begonnen, so waren wir am letzten ab fünf Uhr unterwegs. Wir zogen pfeifend und johlend in Erstklässler-Verkleidung mit kurzen Hosen, in Röckchen und Knie-strümpfen und mit geflochtenen Zöpfen durch unser Wohngebiet. Manche hatten extra den Schulranzen aus der Unterstufe für diesen besonderen Anlass aufgehoben. Wir holten unsere Klassenleiter von zu Hause ab, und nach einigen Stunden des Feierns kam die Stunde der Wahrheit: Wir erfuhren, in welchen Fächern wir zur mündlichen Abschlussprüfung zu erscheinen hatten.

In den paar Tagen bis dahin bekamen wir die Chance zu Konsultationen, freiwilligen Terminen bei den Fachlehrern. Sie gingen mit den Prüflingen die Themenkomplexe noch einmal durch. Wer genau hinhörte, konnte vielleicht einen versteckten Hinweis erkennen, mit welchem Thema er denn in der Prüfung drankommen würde. Andere meinten, diese Art der Wiederholung nicht nötig zu haben und legten schon mal vorfristig die Beine hoch. Das hat sich manchmal bitter gerächt.

Dann war auch das vorbei. Die zehnklassige allgemeinbildende polytechni-sche Oberschule hatte uns die längste Zeit gehabt. Es war ein tränenreicher Abschied, als wir am allerletzten Tag nach der Zeugnisausgabe auseinander-gingen. Kaum vorstellbar, dass die anderen, mit denen wir mehr Zeit verbracht hatten als mit unseren Familien, nun aus dem Blickfeld verschwinden sollten.

In eigenwilliger Anzugsordnung und mit Trillerpfeifen zum letzten Schultag.

Das Lernen geht weiter

Aber wir hatten auch viel Neues vor: Die meisten hatten eine Lehrstelle, wenige blieben Schüler und gingen zur Erweiterten Oberschule (EOS). Die Bewerbungen dafür waren ja schon über ein Jahr her und gute Leistungen allein hatten nicht gereicht, einen der Abiturplätze zu bekommen. Auch die Herkunft zählte. 60 Prozent der Oberstufenschüler sollten aus Arbeiterhaushalten kommen – wer Spross einer „Intelligenzler"-Familie war, wessen Eltern also studiert hatten, brauchte einen noch besseren Zensurenschnitt als andere Bewerber. So konnte es passieren, dass ein Vater, der selbst Arbeiterkind war und aus eigener Kraft studiert hatte, zusehen musste, wie sein Kind nicht zum Abitur zugelassen wurde. Zumindest nicht auf dem direkten Weg.

Eine Alternative gab es: Berufsausbildung mit Abitur. Die dauerte statt zwei Jahren bis zum Abschluss drei, aber neben der Hochschulreife hatten die Absolventen danach auch einen Facharbeiterbrief in der Tasche. Die Ausbildung bedeutete nicht nur Lernen, sondern auch Arbeiten, richtig im Betrieb, möglicherweise in Schichten, am Fließband. Da kam die Motivation, das Abi zu schaffen und im Anschluss ein Studium durchzuziehen, von ganz allein.

Ab 1984, also in der Lehre bzw. an der EOS, durften wir im Matheunterricht einen Taschenrechner benutzen – als erster Jahrgang. Er hieß Schulrechner SR 1, kam aus dem VEB Mikroelektronik „Wilhelm Pieck" in Mühlhausen und konnte zum Vorzugspreis von 100 Mark erworben werden. Offiziell kostete er knapp 300 Mark. Er rechnete immer noch, als wir den 30. Jahrestag unseres Schulabschlusses feierten.

Ein ganz neues Fach hieß Informatik. Wir lernten, mit einem Computerungetüm namens Robotron KC 85/2 umzugehen – weil es zu wenig Computer gab, zu dritt oder zu viert vor einem Bildschirm. Die Programme waren auf gewöhnlichen Audiokassetten gespeichert und mussten immer neu aufgespielt werden. Das Gerät war alles andere als filigran, daher auch der Spruch „Mikroelektronik ist alles, was kleiner ist als das Völkerschlachtdenkmal".

Frohes Jugendleben

Ein anderer Ort des offiziellen Widerstands gegen die kapitalistische Infiltration waren die Diskos des Landes (beachte das „k" in der Mitte des Wortes – auch dies ein Abgrenzungsversuch zu den gleichnamigen Veranstaltungen im Westen). Die Vorschrift sagte 60 : 40 – das hieß, nur 40 Prozent der Musik durfte westlicher Herkunft sein. Das lernten die DJs in ihrer Ausbildung gleich am Anfang. Zu ihrem ersten Auftritt nach abgeschlossener Ausbildung – noch unter staatlicher Aufsicht – luden sie gern viele Freunde und Bekannte ein, die dann auch nach der Ostmusik tanzten, um dem frisch gekürten Schallplattenunterhalter einen ersten Erfolg zu bescheren. Später, wenn der DJ seine musikalisch-politische Zuverlässigkeit hinreichend unter Beweis gestellt hatte, nahm der Anteil der Ost-Interpreten rapide ab. Dann tanzten wir zu den gleichen Rhythmen wie unsere Altersgenossen auf der anderen Seite der Mauer.

Von dieser Art Veranstaltungen gab es immer zu wenig. Jeder dieser Abende begann in einer Schlange – je geringer der Abstand zur Eingangstür, desto mehr verwandelte sie sich in einen schiebenden, drängelnden Pulk. Mit Glück und Ellenbogen waren wir dann irgendwann drin und damit dabei.

Zu trinken gab's inzwischen auch Ungesünderes als Wasser oder Saft. Zur Stimmungsaufhellung gönnten wir uns Wodka-Cola für 1,60 Mark, Bier oder ein Gemix namens „Grüne Wiese". Manche unterstrichen ihren Reifestatus durch Zigaretten. In der Schule war das selbstverständlich verboten, man musste schon das Gelände verlassen, um zu rauchen. Das wiederum war ebenfalls verboten. Aber all die Vorschriften nützten nichts – die Raucher unter uns setzten sich darüber hinweg und trafen sich direkt hinter dem Schulzaun.

Nach Schulschluss schnell eine Kippe – für einige schon normal.

Ostmark für Raubkopien

Die DDR hatte auch Stars. Karat oder die Puhdys, City oder Silly, Keimzeit oder Pankow, Karussell oder Stern Meißen, die Zöllner oder Feeling B. Diese und viele andere tauchten regelmäßig bei „Bong" auf, der Hitparade des DDR-Fernsehens. Aber die Fangemeinden von Bruce Springsteen und Tina Turner, Depeche Mode, Madonna und Michael Jackson waren wahrscheinlich erheblich größer. Leider konnten wir diese Idole – im Gegensatz zu den Ostbands – nahezu nie live erleben. „The Boss" Bruce Springsteen trat ein einziges Mal 1988 in Berlin auf. Dort waren 120 000 Fans dabei, vielleicht auch 160 000 – eine unüberschaubare Masse von Leuten, die den Weltstar erleben wollten.

An den Wänden unserer Zimmer gab es genug Platz für Poster unserer Idole. Was fehlte, waren die Poster. Gelegentlich bildete die Jugendzeitschrift „neues Leben" auf ihrer Rückseite einen internationalen Interpreten ab. Aber zu selten. Wer aus geheimen Kanälen einen BRAVO-Starschnitt ergattert hatte, konnte schnell reich werden. Eine Kopie, Fotoformat 9x13 in Schwarz-Weiß, ging für 10 Mark weg.

In den Plattenläden war die aktuelle Musik aus dem Rest der Welt kaum zu bekommen. So brachten wir uns Schallplatten aus dem Urlaub mit: In der Tschechoslowakei und in Ungarn gab es lizenzproduzierte Scheiben. Solche Schätze ließen sich zu Hause auf Kassetten überspielen und so wiederum zur Geldquelle machen. Das Jugendradio DT 64 hatte eine spezielle Sendung „Duett – Musik für den Recorder". Alle Lieder, auch die aus dem Westen, wurden komplett ausgespielt.

Auch die Radiosender des Klassenfeindes gaben uns die Möglichkeit, Musik aufzunehmen. Manchmal fehlten den Titeln dann die ersten Takte oder der Schlussakkord, weil der Moderator dazwischengeredet hatte. Aber wir hatten es, das ersehnte Lied!

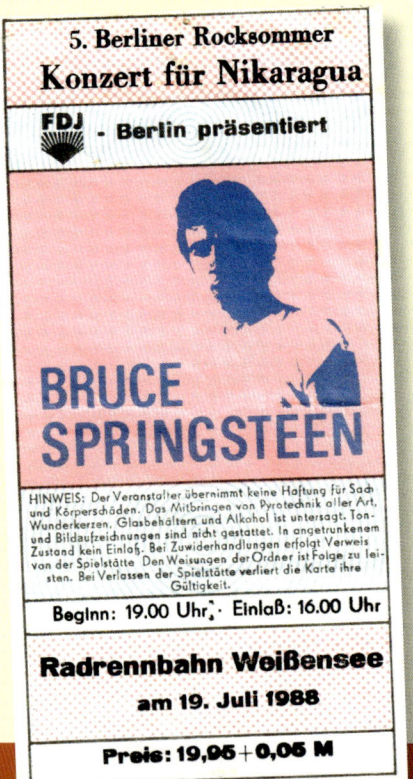

„The Boss" war einer der wenigen Weststars, die in Ostberlin auftraten.

Bei unseren Partys fand man Bier und Bär
noch dicht nebeneinander.

Der Konsum von Westmedien, insbesondere dem Fernsehen, war offiziell
untersagt. Daran hielt sich aber nur, wer entweder politisch vom Sinn dieser
Maßnahme überzeugt war oder wer schlicht aus technischen Gründen
keinen Zugang zu den Programmen hatte. Das „Tal der Ahnungslosen" lag
im Raum Dresden, auch bis nach Stralsund reichten die „Feindsender"
nicht. Bei allen anderen war das Interesse an der Welt hinter der Mauer
groß, die so weit und bunt erschien. Um aber in der Schule nicht als „West-
gucker" aufzufallen, mussten wir schon früh den entscheidenden Unterschied lernen: Hatte die Uhr in der Nachrichtensendung Punkte oder Striche
für die Minuten? Staatskonforme Antwort war: Sie hatte Punkte – am Anfang
der „Aktuellen Kamera" war eine solche Uhr zu sehen. Die West-
„Tagesschau" dagegen hatte Striche – mit diesem Detail konnte man sich
durchaus Schwierigkeiten einhandeln.

15. bis 18. Lebensjahr

Tschernobyl-Unglück – ganz Europa war betroffen

26. April 1986, 1 Uhr 23 Minuten und 44 Sekunden: Im ukrainischen Tschernobyl explodierte Block IV des Kernkraftwerkes. Große Mengen radioaktiven Materials wurden in die Atmosphäre geschleudert und von den Wolken aufgenommen. Später gingen in Teilen des Landes, in Weißrussland und Russland Regenfälle mit erheblicher Strahlenbelastung nieder. Im Laufe der ersten zehn Tage nach dem Unglück verteilten sich die Unheil bringenden Wolken über großen Teilen Europas bis nach Norditalien und Griechenland. In Deutschland war vor allem der Süden betroffen.

Auslöser der Katastrophe war ein fehlgeschlagenes Experiment, bei dem die Leistungsfähigkeit des Reaktors bei Ausfall der externen Stromversorgung nachgewiesen werden sollte. Möglicherweise spielten auch Fehlentscheidungen des Personals eine Rolle.

Zwei Tage später wurde im schwedischen Kernkraftwerk Forsmark Alarm ausgelöst. Doch die eigenen Anlagen waren intakt – also musste die Bedrohung aus einer anderen Quelle kommen. Jetzt erst meldete die sowjetische Nachrichtenagentur TASS, dass es in Tschernobyl einen Unfall gegeben hatte. Einen weiteren Tag später, am 29. April, war die Rede von einer „Katastrophe" und zwei (!) Todesopfern.

Rund um das Kernkraftwerk Tschernobyl wurden über 100 000 Menschen evakuiert. 134 Betroffene hatten die tödliche Strahlenkrankheit, 28 von ihnen starben noch im gleichen Jahr. Wie viele Krankheitsfälle, insbesondere Schilddrüsenkrebs und Leukämie, noch heute auf das Reaktorunglück zurückzuführen sind, ist unklar.

In der DDR erfuhren die Menschen wenig über den Reaktorunfall. Informationen wurden zurückgehalten oder nicht realistisch eingeordnet.

Gute Zeiten

Nur drei Jahre nach unserem 18. Geburtstag zerbrach die DDR. Unser kleines Land wurde größer – um den Rest von Deutschland und dazu den Rest der Welt. Viel Neues kam in unser Leben – wir mussten uns von vertrauten Sicherheiten verabschieden und bekamen dafür neue Möglichkeiten.

Dennoch werden wir immer Kinder der DDR bleiben. Wir saßen in der Krippe nebeneinander auf dem Töpfchen – und sind trotzdem ordentliche Menschen geworden. Wir sind aufgewachsen in engen Grenzen, geographisch gesehen. Doch in unseren Spielen waren diese Grenzen weit weg. Wir träumten uns aufs Meer oder ins Weltall – genauso wie unsere Altersgenossen auf der anderen Seite der Mauer.

Später erlebten wir Freundschaft und Liebe, Schulstress und Berufswahl – als (mehr oder weniger) „allseitig entwickelte sozialistische Persönlichkeiten", wie es der Staat vorgesehen hatte. Und doch waren wir offen für die Welt, als sie uns dann offen stand. Menschlich gesehen waren unsere frühen Jahre geprägt von Geborgenheit, Sicherheit und Fürsorge – nicht nur innerhalb der Familie.

Klar, es hätte freier sein können, mit weiteren Reisen, schickeren Klamotten, besserer Musik. Aber wäre es deshalb glücklicher gewesen? Haben wir – als Kinder und Jugendliche – das alles wirklich vermisst? Das muss jeder für sich selbst beurteilen. Ich persönlich finde, wir hatten eine schöne Zeit, eine gute Kindheit und Jugend in der DDR.

Endlich 18 – raus ins Leben!